古代都城の形態と支配構造

古内絵里子　著

同成社　古代史選書　26

目次

第Ⅱ部　都城の支配構造と特質

凡　例

本書で用いた史料の出典は左掲の通りである。

日本史関係

日本書紀……日本古典文学大系（岩波書店）
続日本紀……新日本古典文学大系（岩波書店）
日本後紀……新訂増補国史大系
続日本後紀……新訂増補国史大系
日本文徳天皇実録……新訂増補国史大系
日本三代実録……新訂増補国史大系
類聚国史……新訂増補国史大系
日本紀略……新訂増補国史大系
扶桑略記……新訂増補国史大系
釈日本紀……新訂増補国史大系
政事要略……新訂増補国史大系
朝野群載……新訂増補国史大系

養　老　令……………日本思想大系『律令』（岩波書店）
養　老　律……………日本思想大系『律令』（岩波書店）・『訳註日本律令』（東京堂出版）
令　集　解……………新訂増補国史大系
延　喜　式……………新訂増補国史大系
弘仁格抄……………新訂増補国史大系
類聚三代格……………新訂増補国史大系
万　葉　集……………新編日本古典文学全集（小学館）
日本霊異記……………日本古典文学大系（岩波書店）
風　土　記……………沖森卓也・佐藤信・矢嶋泉編『風土記』（山川出版社）
皇太神宮儀式帳……………神道大系
神宮雑例集……………神道大系
唐大和上東征伝……………『群書類従』
藤氏家伝……………佐藤信・沖森卓也・矢嶋泉編『藤氏家伝〈鎌足・貞慧・武智麻呂伝〉注釈と研究』（吉川弘文館）
行基年譜……………井上薫編『行基事典』（国書刊行会）
因幡国伊福部臣古志……………佐伯有清「『因幡国伊福部臣古志』の研究」（『新撰姓氏録の研究』索引・論考篇、吉川弘文館）
法隆寺旧蔵金銅観音菩薩像造像銘……………東京国立博物館編『法隆寺献納宝物銘文集成』（吉川弘文館）
法隆寺幡墨書……………『書陵部紀要』二九号
西大寺資材流記帳……………西大寺所蔵本　西大寺文書一〇一函六・『寧楽遺文』
東　宝　記……………『国宝　東宝記　原本印影』（東京美術）
和名類聚抄……………『諸本集成　倭名類聚抄』（臨川書店）
正倉院文書……………『大日本古文書』編年文書

木　　簡……木簡学会『木簡研究』・奈良国立文化財研究所『藤原宮木簡』『飛鳥藤原京木簡』『飛鳥藤原宮発掘調査出土木簡概報』『平城宮木簡』『平城京木簡』『平城宮発掘調査出土木簡概報』『評制下荷札木簡集成』

中国史関係

周　　礼……（漢）鄭玄注・（唐）賈公彦疏『周礼注疏』（上海古籍出版社）

南 斉 書……（梁）蕭子顕撰『南斉書』（中華書局）

魏　　書……（北斉）魏収撰『魏書』（中華書局）

隋　　書……（唐）魏徴等撰『隋書』（中華書局）

旧 唐 書……（後晋）劉昫等撰『旧唐書』（中華書局）

新 唐 書……（宋）歐陽修・宋祁撰『新唐書』（中華書局）

通　　典……（唐）杜佑撰『通典』（中華書局）

唐 会 要……（宋）王溥撰『唐会要』（上海古籍出版社）

唐 六 典……（唐）李林甫撰・陳仲夫校點『唐六典』（中華書局）

唐律疏議……（唐）長孫無忌等撰『唐律疏議』（中華書局）

天 聖 令……天一閣博物館・中国社会科学院歴史研究所天聖令整理課題組校證『天一閣臧明鈔本天聖令校證　附唐令復原研究』（中華書局）

長 安 志……（宋）宋敏求撰『長安志』（中華書局）

朝鮮史関係

三国史記……（高麗）金富軾撰・末松保和校訂『三國史記』（国書刊行会）

三国遺事……（高麗）一然・今西龍校訂『三国遺事』（朝鮮史学会）

新羅村落文書……………宋浣範「正倉院所蔵「華厳経論帙内貼文書」（いわゆる新羅村落文書）について」（『東京大学日本史研究室紀要』第七号）

新羅白紙墨書大方広仏華厳経…………『文字がつなぐ　古代の日本列島と朝鮮半島』（国立歴史民俗博物館）

序章　都城研究の現状と課題

第一節　先行研究の動向

都市とは、人々の生活の場であるのと同時に、政治・経済・文化・宗教等が集積した空間であり、その時代の国家の縮図といえるものである。

日本古代の都市については、一九七〇年代に狩野久氏がマルクスの社会的分業による農村からの分離・独立をもって都市とするという考え(1)を基にして、アジアの古代都城は農村のなかに形成された専制君主の宿営地であり、農村未分化の経済的構造のうえにできた余分の胎児とみるべきで、その意味では、これはいかなる点からも都市とよぶべきではないと述べている(2)。

また、鬼頭清明氏は、①まとまった定住集落の存在、②住民の圧倒的多数が農業でなく工業や商業に従事していること、③市場の存在と恒常的な財貨の交換が営利と需要の本質的な要素となること、④自律権をもった共同体（都市ゲマインテ）の形成がされていること、⑤要塞としての性格と軍役をささえるための市民身分が設定されていること、というウェーバーの都市概念を取り入れ、「農村からの分離と都市ゲマインテの存在の二つの要素をもつもの―狭義の都市、いずれか一方をもつもの―広義の都市」という考えから、アジアの都市はこの広義の都市にも入らないとし、日本古代の都市も農村に依存する点で、都市としての限界があると結論づけた。[4]中世ヨーロッパを基準としているマルクス、ウェーバーらの理論を基にした狩野・鬼頭両氏の見解では、日本古代において都市は存在しないことになる。

しかし、都城研究や発掘調査の深化により、日本古代の都では様々な階層の人々が生活を営んでいたことが判明した。この事実から、古代日本の都が都市ではないと一概にはいえなくなった。それにより、アジアの都市には別の定義があるのではないかという考えが一九九〇年代から出されはじめ、古代の都城やそれに先行する時代に都市的要素を見出し、積極的に都市に位置づけようとする研究が行われた。その結果、藤原京以降に形成された都城をもって都市とする見解、[5]逆に都城が崩壊し、そこに暮らす人々が地域共同体を作った十世紀をもって都市が成立するという見解、[6]また、都城以前の飛鳥と周辺地域においては、すでに周囲とは視覚的に異なる都市的空間が形成されていたとする見解が出された。[7]このように、日本古代における都市の形成時期については、未だ議論が終結していないのが現状である。

ただし、いずれの見解も都を都市とみなしている点に共通性がある。「みやこ」とは、元来は宮が置かれた場所のことであり、「みやこ」の「みや」は宮、「こ」は場所の意であった。[8]ところが、時代を経るごとに「みやこ」は宮が置かれた場所を示す語から、宮とその周辺からなる支配地域を指す語に変化していった。この空間変化が起きたのが七世紀中頃の都である。七世紀中頃になると、大王宮の周りに豪族や官人などが居住する空間が生まれ、都は大王宮と周辺空間から構成されるようになった。さらに、七世紀後半には都城制が導入され、宮城と条坊京域からなる都へと変化した。そして、この形状は八・九世紀以降の「みやこ」にも継承されていった。

この都城制に関する先行研究は膨大にあるが、はじめて包括的な日本の都城研究を行なったのは、喜田貞吉氏である[9]。氏の著著である『帝都』には、飛鳥・難波・大津・藤原京・平城京・恭仁京・長岡京・平安京・福原京等の論考が収められ、各都城の構造について検討がなされている。ただし、これらの論考が書かれた明治・大正期は、都城の発掘調査がほとんど行われておらず、文献史料を中心とした研究であった。

戦後になると、飛鳥、難波、近江京、藤原京、平城京、恭仁京、長岡京、平安京などの都城の発掘調査が進み、徐々にその構造や規模が明らかになっていった。それにともない、多くの都城に関する論考が発表された。そのなかでも、岸俊男氏は、飛鳥から平安京に至るまでの都城の総合的な研究を行い[10]、今日の都城研究の礎を築いた。

さらに一九九〇年代後半になると、小澤毅氏が、それまで通説とされていた岸氏の十二条八坊の藤原京復元案の外側にも条坊が広がり、一九九六年に東西京極が検出されたことから、藤原京の坊の大きさは四町ではなく、平城京以降の都城と同じ十六町であったことを指摘し、『周礼』考工記匠人条にみえる都城の理念[11]を体現した十条十坊案を新たに提唱した[12]。この見解は今日の通説的位置を占めている。

また、氏は藤原宮の大極殿の基壇の再検討を行い、天平十二年（七四〇）に恭仁宮に移築された平城宮の大極殿が、藤原宮の大極殿を移築したものであることを解明した。これにより、藤原京から恭仁京までの遷都とそれにともなう旧京の廃都の関係が明らかとなった。

しかし、飛鳥、難波、藤原京、平城京、恭仁京、長岡京、平安京などの各都城の個別研究が進む一方で、それら都城の展開を考察する包括的な研究はあまり行われなくなってしまった。そのうえ、先行研究により、

藤原京→平城京→難波京→恭仁京→（平城京）→長岡京→平安京

という都城の展開の沿革が作られてしまい、これに入らない保良京や西京は、都城の展開を考察する際、除外されて

きた[13]。このため、八世紀後半における都城の変遷は、今日においても解明されていない。しかし、日本の都城の展開を解明するためには、日本の都城を編年的に考察し、その変遷を明確にさせる必要がある。

また、これまでの研究では、宮に対して周辺空間（京域）が造営されたのは藤原京以後と考えられてきた[14]。しかし、近年の発掘調査から、藤原京より前に都が置かれた飛鳥・難波・大津の宮の周りにも、寺院や豪族宅、宮に通じる巨大幹線道路、生産工房などが置かれていたことが判明している。このことから、最新の発掘調査成果も用いて、京域の成立過程を再度検証する段階にきているといえよう。

第二節　本書の目的と構成

そこで、本書は、都という空間が最も大きく変化する七世紀から八世紀後半までの都を研究題材とする。そして、前節で提示した問題意識を踏まえて、七世紀から八世紀後半にかけての都城の形成と展開について再検討を行い、日本古代の都の形態変化とその背景を明らかにする。さらに、その考察結果を踏まえて、中国や朝鮮半島の都城との比較検討を行うことで、東アジア都城史上における日本の都城の特質を提示していく。

都の空間変化について論及した研究は多くあるが、それが起きた政治・社会的背景・要因について論じたものはあまり多くない。しかし、このような都の空間変化は、社会変化と表裏一体のものである。そこで、第Ⅰ部「都城の成立と展開」では、七世紀から八世紀後半までの日本古代の都の空間変化を検討し、それが起きた要因や背景について論じていく。

第一章「七世紀における大王宮周辺空間の形成と評制」では、大王宮そのものだった「みやこ」が、七世紀半ばの孝徳朝に大王宮周辺までをも含む空間に変化した画期と要因について解明を試みる。とくに、同時期に行われた中央官制変化と新たな地方行政制度である評制の施行に着目して考察を行うことで、都城成立過程の歴史のなかでの七世紀の「みやこ」の位置づけとその意義を明らかにする。

第二章「儀礼空間としての都城の確立―藤原京から平城京へ―」では、初期の都城である藤原京と平城京を取り上げる。日本ではじめて造られた都城である藤原京と二番目に造られた平城京は構造が大きく異なるが、平城京以降の都城では、大きな構造転換は起きず、基本的に平城京の都城構造を踏襲している。したがって、藤原京から平城京への構造転換は日本の都城史上の一大画期といえる。そこで、とくに構造の変化が大きい京南面の中軸線上の空間、すなわち宮城―朱雀門―朱雀大路―羅城門に着目して考察を行うことで、藤原京から平城京への構造の転換とその要因を明らかにしていく。

第三章「保良京の史的意義」では、従来副都と考えられてきた保良京の性格を再検討し、保良京に対する政策と藤原京から平安京までの遷都政策を比較することで、平城京から長岡・平安京に至るまでの八世紀後半の都の変遷を解明し、日本古代の都城史上における保良京の位置づけとその意義を明らかにする。

第Ⅱ部「都城の支配構造と特質」では、都城に対する行政とその特質について論究する。この問題を解明するため、「京」制と複都制に焦点をあてる。そして、唐や新羅における都城の行政との比較を行うことで、日本の都城の特質を明らかにする。

第四章「坊令の成立」では、これまで明確でなかった奈良時代の坊令の実態を明らかにすることで、奈良時代の都城の末端行政について考察を行う。そして、その考察結果を踏まて、都城の行政を掌った坊令という日本独自の官人が創出された要因についても解明を試みる。

第五章「日本古代における坊制の採用」では、「京」の基本行政単位である坊制について考察を行う。日本古代では「国」が国―郡―里という行政体系をとり、首都のみ「京」という別の独立した行政区域を設定し、京―四坊―坊という異なる行政体系がしかれていた。しかし、日本が規範とした唐では、都の内外にかかわらず全国一貫して州―県―郷―里制がしかれており、里が行政上の基本単位であった。そのため、日本が唐制をそのまま継受したのであれば、「京」の基本行政単位も里となったはずである。ところが、日本では唐令を改変してまで、土地区画である坊を「京」の基本行政単位として採用し、そのうえ、四坊を管轄する坊令という官人までをも創出している。このことから、首都において、坊制をとらなければならなかった要因があったと考える。そこで、「京」において坊を行政の基本単位として採用した要因を究明し、それを踏まえて、「京」制が成立した背景を明らかにする。

第六章「日本古代における複都制とその特質」では、七世紀から八世紀後半までの日本古代の複都制の実態および役割を総合的に考察する。そして、同時代の唐や新羅の副都に対する行政や統治をみていき、日本の副都と、唐や新羅の副都との差違を明確にすることで、日本の複都制の特質を提示していく。

そして、終章では、第Ｉ部と第Ⅱ部の結論をまとめ、さらに、第Ｉ部の編年的に都の空間変化とその要因について考察するタテ糸と、第Ⅱ部の東アジア都城との比較を通して日本の都城の構造と特質を論じるヨコ糸を織成することでみえてくる日本古代における都城の特質について論じたい。

註

（1）カール・マルクス／手島正毅訳「資本主義的生産に先行する諸形態―資本関係形成または本源的貯蓄に先行する過程について」（『資本主義的生産に先行する諸形態』大月書店、一九六三年）七―一五頁。

（2）狩野久「律令国家と都市」『日本古代の国家と都城』（東京大学出版会、一九九〇年、初出一九七五年）二二六頁。

（3）マックス・ウェーバー／世良晃志郎訳「支配の社会学」（『都市の類型学』創文社、一九六五年）三―三九頁。

（4）鬼頭清明「都城と都市」（『日本古代都市論序説』法政大学出版局、一九七七年）二〇―二一頁。

（5）寺崎保広「古代都市論」（『岩波講座　日本通史5　古代4』岩波書店、一九九五年）、小澤毅「古代都市「藤原京」の成立」（『日本古代宮都構造の研究』青木書店、二〇〇三年、初出一九九七年）、佐藤信「問題提起―東アジア古代都市論の可能性―」（『年報都市史研究』一三、一九九八年）。また、北村優季氏は、ヨーロッパの近代都市を論じた福井憲彦氏の都市が権力と密接な関係にあるという見解を踏まえて、都城は、国家権力との関わりが最も鮮明に反映された都市であったと述べる（北村優季「古代都市史研究の特質」『平城京成立史論』吉川弘文館、二〇一三年、一三―一五頁）。

（6）市川理恵「日本古代における「都市民」の成立―坊令・保刀禰を中心に―」（『古代日本の京職と京戸』吉川弘文館、二〇〇九年、初出二〇〇三年）、京樂真帆子「平安京都市社会史への視覚」（『平安京都市社会史の研究』塙書房、二〇〇八年）。

（7）林部均「「飛鳥京」の成立」（『飛鳥の京と藤原京―よみがえる古代王宮』吉川弘文館、二〇〇八年）、古市晃「都市の成立―集住と統合中枢―」（『日本古代王権の支配論理』塙書房、二〇〇九年、初出二〇〇二年）。

（8）『時代別国語大辞典』上代編（三省堂、一九六七年）によれば、「みや」とは、御殿、宮殿。天皇や后・皇子の居住で、ミは接頭語。ヤは屋の意である。また、「みやこ」は「宮と、場所を意味するコの複合か」とみえる。そして、考察部分には「ミヤコのコ（場所の意）が甲類仮名で表記されているのは、ココ・ソコなどのコが乙類であるのと矛盾するようだが、母音調和によるもので両方とも誤りとはいえない」とある。

（9）喜田貞吉『帝都』（日本學術普及會、一九三九年）。

（10）岸俊男「難波宮の系譜」（『日本古代宮都の研究』岩波書店、一九八八年、初出一九七七年）。

（11）『周礼』考工記匠人条には「匠人営」国、方九里、旁三門。国中九経九緯、経涂九軌。左祖右社、面朝後市、市朝一夫」と、九里四方の方形で四周にはそれぞれ三門が設置され、城内には門に向かい計九本の道路が縦横に通り、中央に宮闕、その左に祖廟、右には社稷、北には市を配置するという都城の設計が記されている。

（12）前掲註（5）小澤毅「古代都市「藤原京」の成立」。
（13）近年、総合的に飛鳥から平安京までの都城の展開を論じた研究書として、仁藤敦史氏の『都はなぜ移るのか　遷都の古代史』（吉川弘文館、二〇一一年）があるが、聖武朝から桓武朝までの奈良時代後半の都城については、ほとんど触れられていない。
（14）前掲註（5）佐藤信「問題提起―東アジア古代都市論の可能性―」。

第Ⅰ部　都城の成立と展開

第一章　七世紀における大王宮周辺空間の形成と評制

「みやこ」とは、その名のとおり「宮」、つまり支配者の住居が置かれた場所のことである。しかし、七世紀後半になると「みやこ」は、天皇が暮らす宮城とその周辺空間からなる支配地域を指す語に変化する。

従来の研究では、宮城に対して周辺空間が造営されたのは藤原京からと考えられている[1]。しかし、近年の発掘調査から、藤原京以前に「みやこ」が置かれた飛鳥・難波・大津の実態が徐々に明らかとなり[2]、大王宮の周りに寺院や豪族宅、宮に通じる巨大幹線道路、生産工房などが置かれていたことが判明した。このことから、藤原京以前に大王宮を取りまく周辺空間がすでに形成されていたとみなして差し支えない。本章は、この大王宮周辺空間が形成された画期を大化改新後の孝徳朝難波に求め、大化改新の政策と密接に関わる空間変化だと捉える。

大化改新については、現在まで数多くの研究がなされ、また前期難波宮（難波長柄豊碕宮（以下、豊碕宮））およびその周辺空間に関する研究も同様に多いものの、両者を結びつけて考察する研究はほとんどなく、豊碕宮の研究でわずかに評制の施行と官制の変化に関わりがあると述べられているにすぎない[3]。そのため、大化改新と孝徳朝難波における大王宮周辺空間の出現がどのように関連し発展したのかという問題が具体的に解明されているとは言いがたい。

そこで、本章では、「みやこ」という空間が、なぜ大王宮そのものである「みやこ」から大王宮とその周辺空間からなる「みやこ」に変化したのかを、その画期をも含めて究明することにしたい。

第一節　大化前代の「みやこ」

まず、大化前代の推古から皇極朝までの「みやこ」をみてみる。

推古大王が即位した豊浦宮(4)は、発掘調査で、豊浦寺講堂基壇の下層から石敷をともなう掘立柱建物の一部が確認され、全貌は不明だが、出土した土器の年代や石敷をともなう遺構から豊浦寺の下層に重複して存在していたこと(5)が明らかとなっている。その後、政を執った小墾田宮(6)も、飛鳥川右岸の雷丘周辺で発掘された井戸跡から「小治田宮」と墨書した土器が見つかっていること、また土器の年代は九世紀初頭を示していて推古朝とは時間的な隔たりがあるものの宮の位置がさほど大きく動くとは思えないこと、そして『日本霊異記』にも雷丘の注記として「在㆓古京少治田宮之北㆒者」とあることから(7)、雷丘東方遺跡がその所在地と考えられている。このように、推古朝の両大王宮は小墾田地域に営まれたが、近辺には推古末年にようやく飛鳥寺が完成したことが確認されているのみである。

岸俊男氏の研究(8)により、小墾田宮には「庭」の両側に庁が立ち並んでいたことが解明され、大王宮において一定の政務・儀礼が行われていたことが指摘されている。しかし、この頃は大王宮だけでなく他の王族の宮や豪族の宅・家も当時の支配機構において重要な役割を担っていた。そのため、有力王族・有力豪族の居宅には未熟ながら家産と家政機関が存在し、中小伴造や部曲、名代、子代、奴などが貢納・奉仕を行なっていた。例えば厩戸豊聡耳王子の場合は、本拠地である斑鳩に斑鳩宮・法隆寺などを造営・整備し、そこに相対的に独立性を保持した派閥構成氏族、家臣的氏族、家政機関構成員の舎人を中核に、宮人・隷属民・家僧尼などが集合し[9]、政務を行なっていた。

したがって、推古朝には冠位十二階などの整備はあるものの、それ以前と変わらず大和朝廷を構成する有力な豪族（氏）が氏ごとに定まった仕事を分担しながら、全体として朝廷の運営にあたっていた。そのため、人や組織はそれぞれの氏の下に分散していて、天皇の居る「みやこ」自体はそれほど大きくなくとも事足りた[10]。したがって、推古朝の大王宮周辺には官衙や豪族宅などは置かれていなかったと考えられる。

次の舒明朝になって、はじめて飛鳥[11]に大王宮、すなわち飛鳥岡本宮（以下、岡本宮）が置かれる[12]。しかし、その周辺には飛鳥寺などが建立されていただけであり、他の施設が整備された形跡はない。また、舒明八年（六三六）には田中宮に遷り[13]、十一年には、蘇我氏からの独立を企図して、推古以前の大王宮が集中した磐余地域で百済大宮・百済大寺の造営が着手される[14]。この百済大寺は、近年の発掘調査から吉備池廃寺に比定され、その遺構から巨大な伽藍を有し、九重塔を備えた大寺であったことが明らかとなっている。このことから、磐余という地域を意識的に支配拠点として整備しようとしていたと考えられるが、この整備の目的は、あくまで、『日本書紀』舒明十一年七月条に「詔曰、今年、造二作大宮及大寺一。則以二百済川側一為二宮処一。是以、西民造レ宮、東民作レ寺。便以二書直県一為二大匠一」とみえるように、百済大宮と百済大寺を造ることにあった。かつ、氏族制が政治の基本体制であるこの時期には、そこに官衙などが置かれた外郭部分を有する大王宮、さらに、豪族宅などが置かれた周辺空間まで造営されたとは思われない。また、百済大宮に遷宮した翌年の舒明十三年に舒明大王が亡くなったことで造営自体が頓挫してしまったため、大王宮周辺空間の整備は行われなかったと推察される。

そして、次の皇極朝では、再び大王宮を飛鳥地域に戻し、飛鳥板蓋宮（以下、板蓋宮）に遷った[15]。板蓋宮の構造はまだ明確には確認できないが[16]、官衙などが置かれた外郭部分は形成されていないと推定されている。また、皇極紀で確認できる他の宮・豪族の宅[17]は分散的であることから、豪族の集住は史料からもうかがえない。ただし、飛鳥には蝦夷・入鹿など蘇我氏の邸宅が集中していることから大王宮周辺空間がないとはいえない。しかし、大王と特定の氏の宅のみで構成されており、大化後の大王宮周辺空間と比較してみると未熟なものであった。

以上、大化前代では、他の王族の宮や豪族の宅・家が当時の支配機構において王権のさまざまな機能を分担しており、大王宮への権力の集中度は弱く、多分に媒介的であった。そのうえ、大王宮は歴代遷宮が行われ、一カ所に固定されることがなかった。したがって、宮の周辺にその他の施設が営まれることはほとんどなく、大王宮が置かれた場所そのものが「みやこ」であった。

第二節　孝徳朝難波

ところが、大化改新後の孝徳朝難波・斉明朝倭京・天智朝近江京・天武朝倭京では、遺構から各大王宮に外郭部分が形成され、そこに官衙が設置されたと考えられる。これにより、大王宮周辺に豪族（官人）が居住し、それにともなう交通網の整備に加えて、「みやこ」を支えるための生産工房・市などの設置により、大王宮周辺空間が形づくられ、大王宮のみならず周辺空間までをも含む「みやこ」に転換した。その画期となったのが、大化改新後の孝徳朝難波である。

孝徳朝難波に関する先行研究をみてみると、積山洋氏は難波大道[18]を中心としてこれに交差する東西道路網で京域が形成されたと論じる[19]。井上和人氏は、現状の遺構情報がきわめて断片的であるが、宮城の周辺に正方位をとる建造物群が造営されていたとみる[20]。それに対して山中章氏は、支配者階級や、行政的機関の事務を担う人々、物資の保管、

郵便はがき

料金受取人払郵便

麹町支店承認

8124

差出有効期限
平成31年２月
15日まで

102-8790

104

東京都千代田区飯田橋4-4-8
東京中央ビル406
株式会社 同成社
読者カード係 行

ご購読ありがとうございます。このハガキをお送りくださった方には今後小社の出版案内を差し上げます。また、出版案内の送付を希望されない場合は右記□欄にチェックを入れてご返送ください。 □

お名前《ふりがな》　　歳　　男・女

〒　　TEL

ご住所

ご職業

お読みになっている新聞・雑誌名

〔新聞名〕　　〔雑誌名〕

お買上げ書店名

〔市町村〕　　〔書店名〕

愛読者カード

お買上の
タイトル

本書の出版を何でお知りになりましたか？

イ．書店で　　ロ．新聞・雑誌の広告で（誌名　　　　）
ハ．人に勧められて　　ニ．書評・紹介記事をみて（誌名　　　　）
ホ．その他（　　　　）

この本についてのご感想・ご意見をお書き下さい。

注文書

年　　月　　日

書　名	税込価格	冊　数

★お支払いは代金引き替えの着払いでお願いいたします。また、注文書籍の合計金額（税込価格）が10,000円未満のときは荷造送料として410円をご負担いただき、10,000円を越える場合は無料です。

運搬などに従事する人々、造寺事業を支える工人群などが宮城や難波大道周辺に散在するにすぎず、のちの条坊制のような規格性を持たない空間であったと位置づけている。[21]先行研究をみてみると、考古学上の視点から豊碕宮の周辺空間を提唱していることがわかる。しかし、その場所は現在の大阪市中心部にあたり、遺跡だけでその実態を把握することは難しい。

そこで史料をみてみると、大王宮である豊碕宮は、『日本書紀』白雉三年（六五二）九月条に「造レ宮已訖。其宮殿之状、不レ可二殫論一」とあるように白雉三年九月に完成し、その文言どおり、従来の宮にはなかった後代の朝堂院のような巨大な朝庭空間や外郭部分が検出されている（図1）。この豊碕宮の構造で、とくに注目したい部分は外郭部分から検出された東方官衙と西方官衙である。

発掘調査の結果、図1にみえる東方官衙の①・②部分の建物の構成・配置は、規則的で類似しており、そこで遂行される特定の業務を想定して合理的かつコンパクトに造られた区画であったと解される。また、藤原宮や平城宮などの東方官衙と類似していることから、曹司とされる実務レベルの官庁建物と考えられる。

一方、西方官衙は、図1の左上にみえるように宮の北西部分にある。この北方正面には、現存する東大寺正倉院や法隆寺綱封蔵に類似した構造をもつ東西に三棟以上の倉庫を連結した建物がある。また、宮の西塀沿いには四間×三間の倉が少なくとも六棟置かれていたことが確認されている。そして、反対の東側にも同規模の倉が一棟、その間に収納物の管理・出納などの事務処理を行なったと考えられる南北建物一棟検出されている。このように、西方官衙は大規模倉庫が計画的に配置されており、かつ管理棟と考えられている南北建物の柱の抜き穴から火災痕跡が検出されたことから、『日本書紀』朱鳥元年（六八六）正月乙卯（十四日）条にみえる「難波大蔵省」[22]に関わるものと考えられる。

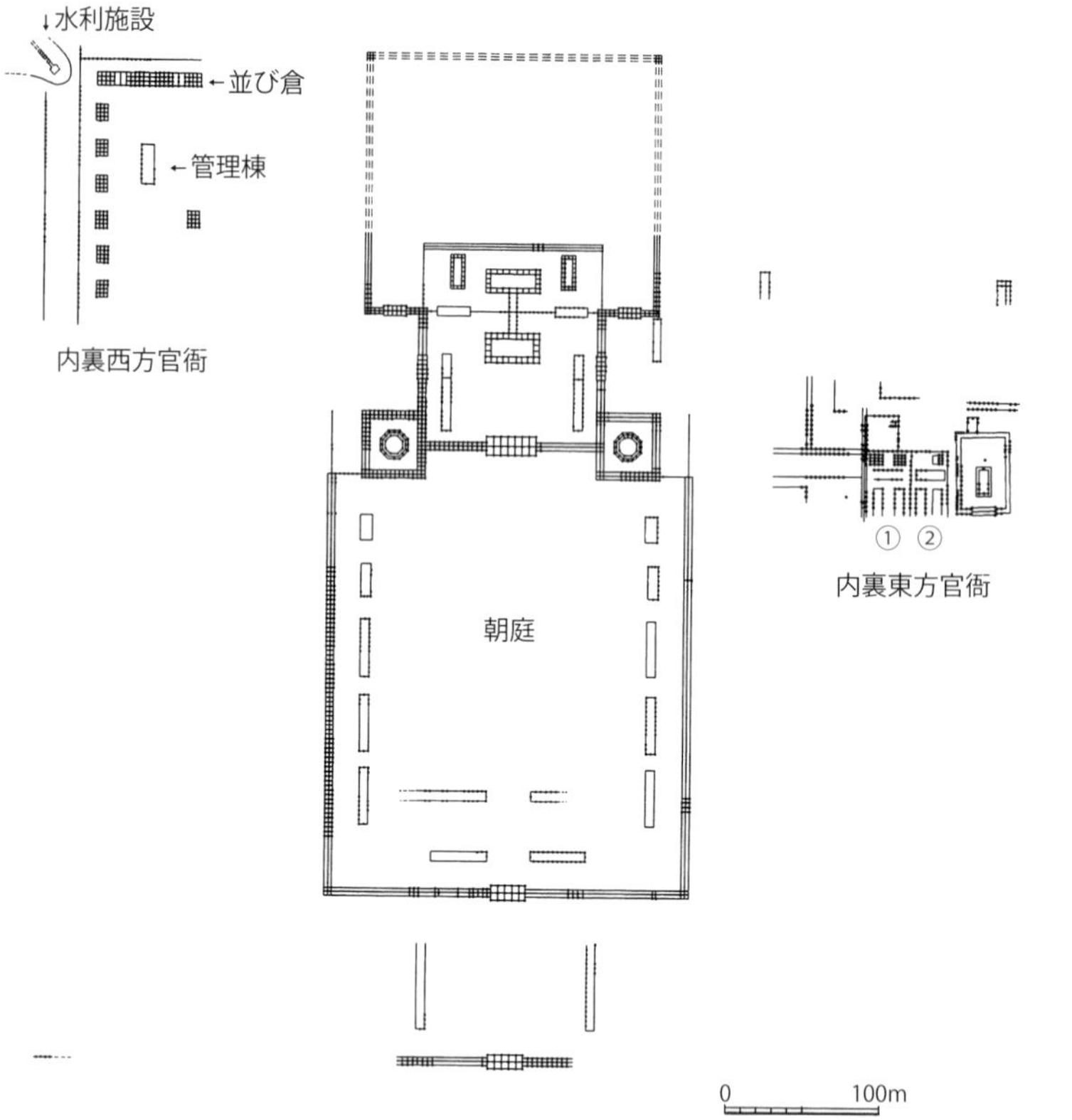

図１　難波長柄豊碕宮（前期難波宮）遺構（大阪市文化財研究所『難波宮跡発掘調査（NW05-9次調査）現地説明会資料』2006年、4頁の図に加筆）

したがって、これまでの大王宮にはなかった曹司とみられる官衙の存在から、中下級層の豪族たちは、王子宮や有力豪族宅ではなく、大王宮で政務を行うようになり、それにともなって、豪族達は豊碕宮周辺に住みはじめたと考えられる。『日本書紀』白雉四年条にも「太子奏請曰、欲㆔冀遷㆓于倭京㆒。天皇不㆑許焉。皇太子乃奉㆓皇祖母尊・間人皇后㆒、幷率㆓皇弟等㆒、往居㆓于倭飛鳥河辺行宮㆒。于時、公卿大夫百官人等、皆随而遷」とあり、倭京に宝王女以下王族が遷ることに際して、「公卿大夫百官人」も移っていることから、それ以前は彼らが難波に居住していたと考えられる。かつ、『日本書紀』大化三年（六四七）十二月晦条には「皇太子宮[23]」、大化五年三月戊辰（二十四日）条には「大臣宅[24]」がみえ、具体的な所在は明記されていないが、蘇我倉山田石川麻呂が茅渟道を使って本拠地である大和国山田に逃げていることから、その「宅」は難波にあったと解される。

また、『日本書紀』白雉元年十月条[25]では、墳丘を破壊し宮を造営したことが記されているが、OS九三―六次調査などからも上町台地北端一帯に広がっていた古墳群の破壊が確認され、このことを裏づける。加えて、発掘調査の結果、豊碕宮の造営にともなって、台地上の入り組んだ谷地形を埋め立てる整地が行われ、その整地層は南北一・五キロメートル、東西一キロメートルの範囲で検出される大規模なものだということが明らかとなった[26]。

そして、宮域外の桑津遺跡（大阪市東住吉区桑津三丁目）、上本町四丁目所在遺跡（大阪市天王寺区清水谷町）からは、七世紀の中葉の大規模な土地の造成工事が確認できる。これらは、豊碕宮の造営工事と関連すると推測され[27]、難波の土地整備は宮域にとどまらず、大王宮周辺にまで及んでいた。

さらに、白雉四年六月条には「修㆓治処々大道㆒」とあり、発掘調査により豊碕宮の中軸線上を少なくとも大和川今池遺跡まで道幅約一七メートルという山田道に匹敵する難波大道がこのころ造営されたことも判明している。

また、豊碕宮の南方では、孝徳朝頃とみられる建物群や土木・整地工事の跡が多数検出されている[28]（図2）。このことから、難波遷都によって、豪族たちが移住を余儀なくされたことは間違いなく、大王宮の周辺、とくにこれらの遺構から、大王宮南面に住んでいたと考えられる。

そして、宮の西側からは多量に投棄された牛・馬の骨が見つかっている。これは宮殿造営の労役で使用し、その際事故・病気などで死んだ牛馬を宮近隣の谷に埋めたものとみられる[29]。この時代に牛馬が労働力として使われることは珍しく、とくに牛が多いことは古代では異例である。加えて、「みやこ」の造営に牛を用いたことは、藤原京に先立つ

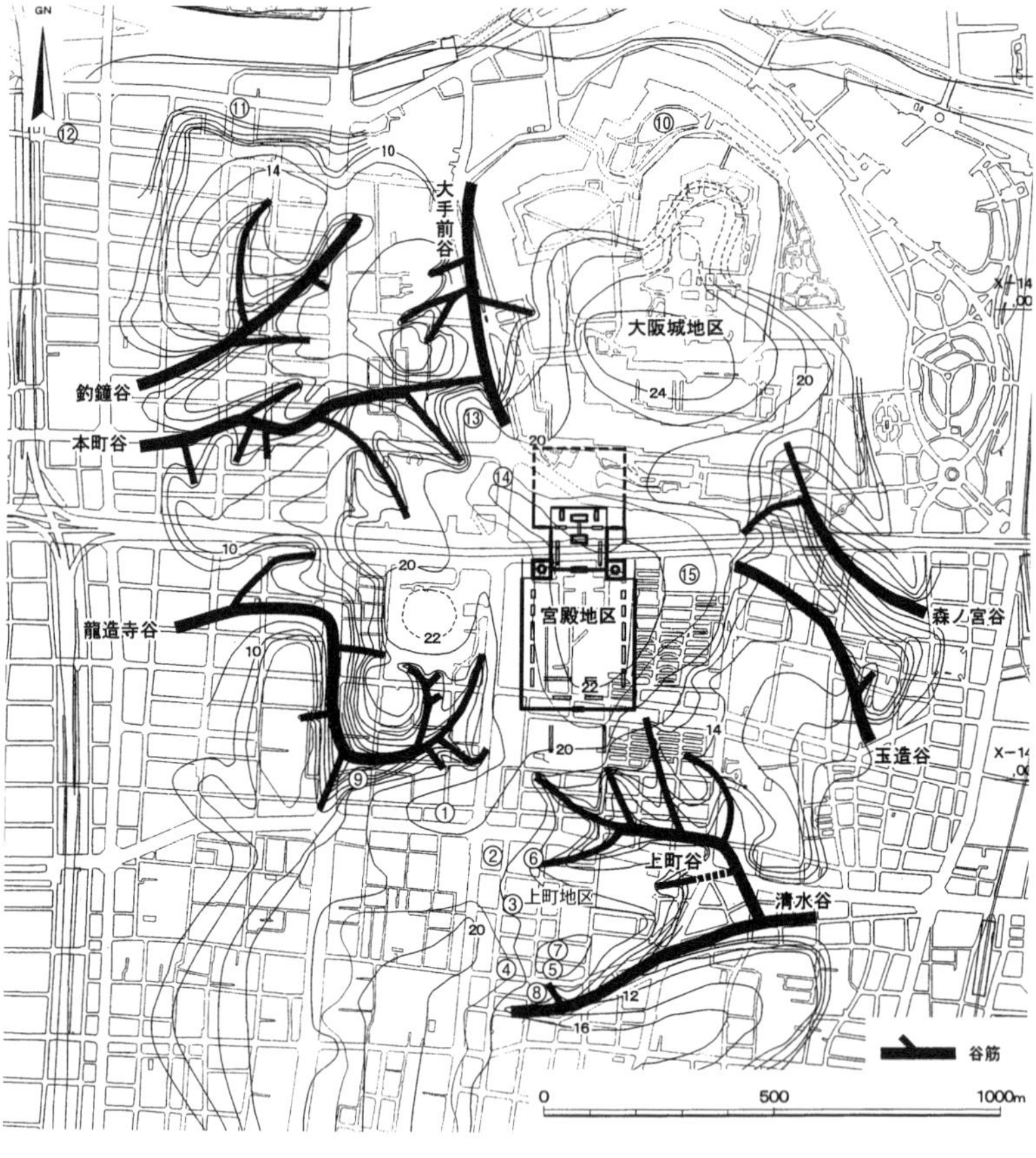

図２　難波長柄豊碕宮（前期難波宮）と周辺遺構（寺井誠「孝徳朝難波遷都にともなう古墳の破壊」『大阪歴史博物館研究紀要』6、2007 年、51 頁の図に加筆）

①塀（NW00-6 次）
②宅地境の塀（NW82-33・45 次）
③倉（OS95-12 次）
④廂建物・掘立柱建物・倉（官人宅）（OS91-3 次）
⑤掘立柱建物群（OS87-124・95-56 次）
⑥大型掘立柱建物と溝（OS96-22 次）
⑦一本柱の塀に区画された敷地内に掘立柱建物二棟（OS97-2 次）
⑧掘立柱建物（OS99-16 次）
⑨金属工房（NW99-15 次）
⑩小郡宮推定地
⑪大郡宮推定地
⑫難波津推定地
⑬宮外水利施設
⑭難波宮西方官衙
⑮難波宮東方官衙

※⑩⑪の所在については吉川真司氏の見解（註 3 論文）にしたがった。

事例であることから、大規模な工事が行われたことの証左であるといえる。

以上の検討から、飛鳥では基本的には各職務を世襲する有力豪族が各自の本拠地で実務を執っていたのに対し、豊碕宮では宮内官衙で政務を運営したと考えられる。これにより、豪族・官人らの多くが遷都にともない本拠地から離れ難波への移住を余儀なくされた。豊碕宮が置かれた上町台地では、難波遷都にともない大規模な土地造成が行われた。とくに宮付近は非常に高い密度で整地が行われており、大王宮周辺空間が形成された。

第三節　大王宮周辺空間の形成と評

では、孝徳朝難波において、なぜこのような大規模な工事が可能となったのだろうか。この問題を解明するために、大化前後の「みやこ」の造営記事をみてみる。

史料1『日本書紀』舒明十一年七月条

詔曰、今年、造二作大宮及大寺一。則以二百済川側一為二宮処一。是以、西民造レ宮、東民作レ寺。便以二書直県一為二大匠一。

史料2『日本書紀』皇極元年（六四二）九月乙卯（三日）条

天皇詔二大臣一曰、朕思三欲起二造大寺一。宜発二近江与レ越之丁一。百済大寺。

まず、大化前代の百済大宮・百済大寺の造営では、舒明十一年七月に舒明大王が書直県を「大匠」という造営指揮官に任命し、東西の民を徴発して事業を行なった（史料1）。その後、皇極大王が引き続き百済大寺を造営しているが、丁の徴発地として近江・越の名が記されている（史料2）。このことから、史料1にみえる東西の民は比較的飛鳥に近い地域から徴発されたと考えられ、全国的な徴発が行われたとは思われない。

史料3『日本書紀』皇極元年九月辛未（十九日）条

天皇詔二大臣一曰、起二是月一限二十二月以来一、欲レ営二宮室一。可三於国々取二殿屋材一。然東限二遠江一、西限二安芸一、発二造レ宮丁一。

また、史料3にみえる皇極元年の板蓋宮造営では、役丁を遠江から安芸にわたって徴発しており、史料2の舒明朝の「みやこ」の造営より徴発範囲が拡大している。

史料4『日本書紀』斉明二年（六五六）条

於二飛鳥岡本一、更定二宮地一。（中略）遂起二宮室一。天皇乃遷。号曰二後飛鳥岡本宮一。於二田身嶺一、冠以二周垣一。田身、山名。此云二太務一。復於二嶺上両槻樹辺一起レ観。号為二両槻宮一。亦曰二天宮一。時好二興事一。廼使二水工穿一レ渠。自二香山西一、至二石上山一。以二舟二百隻一、載二石上山石一。順レ流控引、於二宮東山一。累レ石為レ垣。時人謗曰、狂心渠。損二費功夫一、三万余矣。費二損造レ垣功夫一、七万余矣。宮材爛矣。山椒埋矣。又謗曰、作二石山丘一。随レ作自破。若拠二未レ成之時一、作二此謗一乎。

ところが、史料4にみえる大化改新後の斉明二年の倭京整備では、十万人もの人間[30]を徴発して一連の事業が行われている。多少、数に潤色の可能性はあるが、近年の発掘調査から「後岡本宮」（伝飛鳥板蓋宮Ⅲ—A期の遺構）・「石山丘」（酒船石遺跡）・「狂心渠」（飛鳥東垣内遺跡）が確認されており、全国から多くの役丁が徴発されたとみてよいだろう。

このように、大化前代の舒明・皇極朝の造宮と大化後代の斉明朝の倭京整備を比較すると、斉明朝の造営事業は従来の役丁徴発体制では行いがたく、明らかに皇極朝の徴発体制と異なる。したがって、皇極朝から斉明朝の間に徴発体制に大きな変化があったことは間違いない。

さらに、先述したように孝徳朝難波では、豊碕宮、また豊碕宮の中軸線上に難波大道が造営されている。そのうえ、上町台地の大がかりな整地も行われ、大化前代の「みやこ」の造営とは比較にならないほどの大規模な「みやこ」という空間が生まれた。このことから、孝徳朝に役丁徴発体制に変化があったと考えられる。

そこで、注目したいのが、孝徳朝に創出されたと考えられる新たな地方行政組織、すなわち評制の存在である。孝徳朝の評に関する史料としては、左掲の史料5〜9がある。

史料5『皇太神宮儀式帳』

従㆓纒向珠城朝廷㆒以来、至㆓于難波長柄豊前宮御宇天万豊日天皇御世㆒、有爾鳥墓村造㆓神庤㆒弖、為㆓雑神政所㆒仕奉支。而難波朝庭天下立㆑評給時仁、以㆓十郷㆒分弖、度会乃山田原立㆓屯倉㆒弖、新家連阿久多督領・礒連牟良助督仕奉支。以㆓十郷㆒分、竹村立㆓屯倉㆒、麻続連広背督領・礒部真夜手助督仕奉支。

史料6『神宮雑例集』巻一所引『大同本紀』

以㆓己酉年㆒、始立㆓度相郡㆒、以㆓大建冠神主奈波㆒任㆓督造㆒、以㆓少山中神主針間㆒任㆓助造㆒。

史料7『常陸国風土記』

香島郡条

古老曰、難波長柄豊前大朝馭宇天皇之世、己酉年、大乙上中臣子、大乙下中臣部兎子等、請㆓惣領高向大夫㆒、割㆓下総国海上国造部内、軽野以南一里、那賀国造部内、寒田以北五里㆒、別置㆓神部㆒。

信太郡条（『釈日本紀』巻十所引）

古老曰、御宇難波長柄豊前宮之天皇御世、癸丑年、小山上物部河内、大乙上物部会津等、請㆓惣領高向大夫等㆒、分㆓筑波・茨城郡七百戸㆒、置㆓信太郡㆒。

行方郡条

古老曰、難波長柄豊前大宮馭宇天皇之世、癸丑年、茨城国造小乙下壬生連麻呂、那珂国造大建壬生直夫子等、請二物領高向大夫、中臣幡織田大夫等一、割二茨城地八里一、合七百余戸、別置二郡家一。

多珂郡条

古老曰、（中略）其後、至二難波長柄豊前大宮臨軒天皇之世一、癸丑年、多珂国造石城直美夜部、石城評造部志許赤等、請二申物領高向大夫一、以二所部遠隔、往来不便一、分二置多珂・石城二郡一。石城郡、今存二陸奥国堺内一。

史料8『因幡国伊福部臣古志』

是大乙上都牟自臣、難破長柄豊前宮御宇天萬豊日天皇二年丙午、立二水依評一、任レ督授二小智冠一。爾時因幡国為二一郡一、更無二他郡一。三年丁未、授二小黒冠一。五年己酉、授二大乙下一。後岡本朝庭四年戊午、授二大乙上一、同年正月、始壊二水依評一、作二高草郡一。以同年三月十一日死去也。

史料9『法隆寺旧蔵金銅観音菩薩像造像銘』

辛亥年七月十日記、笠評君名左古臣辛丑日、崩二去辰時一、故児在布奈太利古臣、又伯在□古臣、二人乞願。

史料5には、「難波朝庭天下立レ評給」とあり、孝徳朝に全国に評を設置したと記されている。次に、史料6には、「以二己酉年一、始立二度相郡一」とあり、「己酉年」すなわち大化五年に「度相郡」が設置されたとある。史料7の香島郡条でも、同じく「己酉年」（大化五年）に下総国海上クニと那賀クニの土地の一部を合わせて「神郡」が設置されたとある。また、「癸丑年」すなわち白雉四年に、「筑波郡」と「茨城郡」の一部の土地を分割再編して「信太郡」を、また「茨城郡」の一部の土地を分割再編して「行方郡」を置いている。そして、多珂条でも同じく「癸丑年」に「多珂郡」が「多珂郡」と「石城郡」に分置されたと記されている。史料8には、「難破長柄豊前宮御宇天萬豊日天皇二年丙午」すなわち大化二年に「水依評」が設置されたとある。史料9では、設置年代は不明だが「辛亥年」すなわち白雉二年には「笠評」が設置されていたことがわかる。

以上、孝徳朝の評に関する史料をみてみると、その建評の年代は早くて大化二年、遅くて大化五年である。ただし、これらの史料を鵜呑みにするわけにはいかない。なぜなら、史料8に「難破長柄豊前宮御宇天萬豊日天皇二年丙午」とあるのは、大化三年・五年の『日本書紀』の新冠授与の記事との見事な対応関係から考えて、改新詔にもとづく記載の可能性が高いという指摘があるからである。[31]また、史料7の『常陸国風土記』についても、その記載が藤原宇合の常陸守在任期間の養老三年（七一九）頃から六、七年頃とみられることから、養老四年撰上の『日本書紀』の記述の制約下にあったと考えられ、史料7や史料5・6等の史料の孝徳朝全面立評観は、あくまで『日本書紀』編纂の、とくに改新詔述作構想内におけるいわば起源記事にすぎないという見方もある。[32]

また、評制については、一九五〇年代に大化改新詔に記された「郡」の字の信憑性をめぐる郡評論争がおきた。しかし、一九六六年に藤原宮跡から「己亥年十月上挟国阿波評松里」と記された木簡が出土し、「己亥年」が文武三年（六九九）と比定された。これにより、大宝令施行直前まで「評」の字が使用されていたことが判明し、大宝令の施行をもって「評」から「郡」へと変化することが明らかとなった。ところが、評制が施行された年代については未だ統一的見解はなく、改新後ほどない孝徳朝に全国一斉に建置されたとする全面立評説と孝徳朝、天智朝、天武朝と段階的に国造のクニが解体され評となったとする段階的立評説がある。[33]

しかし、史料9、一九九九年の難波宮調査で「戊申年」（大化四年）と書かれた木簡とともに「秦人凡国評」と記された木簡が出土した。そして、史料9という一次史料の存在から孝徳朝に評制が施行されていたことは確実である。加えて、史料5に「難波朝庭天下立レ評給」とあることから、孝徳朝に全国に評制が施行されたと考えられる。問題は、孝徳朝のどの時期に評制が施行されたのかということである。

吉川真司氏は、鎌田元一氏の大化五年建評説[34]にもとづき、『日本書紀』白雉元年正月辛丑朔条に見える「味経宮」が二千百人以上の僧尼に読経をさせる朝庭をもつこと、また、『万葉集』で、豊碕宮と同一の場所に置かれた聖武朝の難波宮を「味経の宮」「長柄の宮」と呼ぶ例があることから、「味経宮」と「豊碕宮」は同一の宮と考え、評制の施行と中央官制がしかれた大化五年に造営が開始されたとみる[35]。

しかし、図1にみえるようなそれまでの大王宮にはなかった大規模な朝庭、それを囲む十四棟以上の庁、そして外郭部分とその中に置かれた官衙群という壮大な大王宮が、土地の造成工事をも含めてはたして大化五年からわずか二、三年で完成するだろうか。しかも、豊碕宮の造営に連動して難波大道の造営や周辺の整地が行われている。また、先述した難波宮跡出土の「戊申年」木簡により、豊碕宮と考えられる前期難波宮の造営開始が大化四年以前に求められる可能性も想定される。さらに、『日本書紀』大化四年正月壬午朔条には「賀正焉。是夕、天皇、幸二于難波碕宮一」とあり、この「難波碕宮」が豊碕宮と同一だと考えると、大化四年正月に小郡宮で賀正礼をとったのち、孝徳大王は小郡宮近くの造営中の豊碕宮に視察に行ったと考えられる。また、『日本書紀』大化三年条に「工人大山位倭漢直荒田井比羅夫、誤穿二溝瀆一、控二引難波一、而改穿疲二労百姓一」とみえる荒田井比羅夫の難波工事は豊碕宮造営と連動したと考えられることから、すでに大化三年には、豊碕宮の造営がはじまっていたと判断される。

このことから、大化三年の時点で「みやこ」造営のために全国的な物資・労働力の徴発が必要となり、大化前代のような部民制にもとづく役民の徴発体制ではこれが不可能なため、大化五年以前に新たな人民の徴発体制である評制が施行された可能性が考えられる。

ただし、先述した「秦人凡国評」木簡の年代について、栄原永遠男氏は同出した「戊申年」木簡よりも新しい印象を受けるとし、本木簡をもって七世紀中葉頃の評の問題を論じることには慎重でありたいと述べている(36)。また、難波宮から出土している評木簡は、現在この一つだけであり、これだけでは大化五年以前に評制が施行されたとはいえない。

そこで、大化二年の改新詔条と養老戸令2定郡条を比較してみたい。

史料10『日本書紀』大化二年正月甲子朔条（改新詔）

凡郡、以㆓四十里㆒為㆓大郡㆒。三十里以下四里以上為㆓中郡㆒。三里為㆓小郡㆒。

史料11　養老戸令2定郡条

凡郡、以㆓廿里以下十六里以上㆒、為㆓大郡㆒。十二里以上為㆓上郡㆒。八里以上為㆓中郡㆒。四里以上為㆓下郡㆒。二里以上為㆓小郡㆒。

『養老令』では、郡を大・上・中・下・小と五等級に分けているのに対し、改新詔条では、大・中・小の三等級しかない。また、改新詔の中郡には『養老令』の定めた大・中・小・下郡がすべて入ってしまい、さらにそれより大規模な大郡も設定されている。したがって、改新詔の郡は、令制下の郡に比べて大雑把な区分であることがわかる。このことから、従来から指摘されているように大宝令の条文を利用して潤色したとは考えがたい。

この改新詔の郡（評）の等級範囲について先行研究をみてみる。まず、鎌田元一氏は、大郡を四十～三十一里、中郡を三十～四里、小郡を三里と解釈する(37)。一方、森公章氏は、大郡を四十里、中郡を三十～四里、小郡を三里と考え、大宝令制とは異なる等級が示されていると考える。ただし、三十九～三十一里、二里以下の位置づけが欠如していることから、本当に機能していたものなのかと疑問を呈している(38)。市大樹氏は、木簡に記された評の検討から、大郡を四十～三十一里、中郡を三十～四里、小郡を三～一里と考える(39)。

そこで、実際の評の規模をみてみると、飽波（阿久奈弥）評(40)の場合、郡には連続せず、『和名類聚抄』の大和国平群郡飽波郷として名残をとどめた小規模な評であることがわかる。その他に、凡国評（難波宮跡一号木簡）は近江国愛智郡大国郷に、売羅評（『飛鳥藤原宮発掘調査出土木簡概報』一七、一三一号木簡）は伊豆国那賀郡入間郷売良里になるなど、里（郷）に継承される評が多数ある。その一方で、後の大和国添上・添下郡である「所布評(41)」、後の遠江国長上・長下郡である「長田評(42)」、美濃国土岐・恵奈郡である「刀支評(43)」などは、後の郡域よりも広い評の存在も確認できる(44)。

以上から、改新詔条は「郡」の字を使用する点で、後世の潤色を受けているが、評制下の規定とみるに相応しい内容(45)といえる。このことから市氏の見解を支持し、評の規模の実態を表している詔が大化二年時点に出されたといって的はずれではない。

また、このような百姓の徴発が可能となったのは、左掲の大化元年の「諸国」に対する政策にあると考えられる。

史料12『日本書紀』大化元年八月庚子（五日）条

拝二東国等国司一。仍詔二国司等一曰、随二天神之所奉寄一、方今始将レ修二万国一。凡国家所有公民、大小所領人衆、汝等之レ任、皆作二戸籍一、及校二田畝一。（中略）其於二倭国六県一被レ遣使者、宜下造二戸籍一、幷校中田畝上。謂レ検二覈墾田頃畝及民戸口年紀一。

史料13『日本書紀』大化元年九月甲申（十九日）条

遣二使者於諸国一、録二民元数一。（中略）其臣連・伴造等、先自収斂、然後分進。修二治宮殿一、築二造園陵一、各率二己民一、随レ事而作。

史料12・13にみえる大化元年の人口・年齢調査により、律令制下と比べると粗雑ではあるが全国の民を把握できるようになった。

また、木簡から孝徳朝にも五十戸という単位の編戸制があったと考えられる。したがって、大化元年の人口調査により、五十戸という単位を作り、地方行政組織である評を通じて新たな人民の徴発体制ができたと考えられる。これにより、大規模の力役徴発が可能になったと推察できる。そして、評の規模を表す改新詔が大化二年時点に出されたことによって、評制の施行が始まったと考えられる。これにより、大化三年にはすでに開始されていたとみられる大規模な難波造都事業が可能となり、大王宮周辺空間が形成されたのであろう。

むすび――大化改新と孝徳朝難波――

七世紀前期の推古朝から皇極朝の政治体制は、氏族制が基本にあり、諸王子や有力豪族が朝廷の職務を分担して担っていた。そのため、中下級の伴造と呼ばれた豪族たちは、大王宮ではなく、王子宮や有力豪族の宅に赴き仕事を行なっていた。それゆえ、大王宮に人・物が一元的に集中することがなく、大王宮周辺を支配拠点として整備することもなかった。したがって、七世紀前半の「みやこ」は、まさに大王宮が置かれた場所そのものであった。

しかし、大化改新後の孝徳朝難波では大化前代の氏族制から脱却し、大王宮に置かれた外郭部分の官衙で実務を行う体制に変化した。政務の場所が大王宮に置かれた官衙に変わったことで、あらゆる人・組織が大王宮に一元化し、孝徳朝の大王宮である豊碕宮周辺には、豪族・官人らが住みはじめ大王宮周辺空間が形成された。この大王宮周辺空間を形成するにあたって、上町台地を中心に地形の改変、山田道に匹敵する難波大道の造営など大規模な空間造営が行われた。

これには、当然相当数の役丁の徴発が必要不可欠である。そこで、孝徳朝に新たな地方行政組織である評がしかれた。そして、豊碕宮とその周辺遺跡の発掘調査成果と、『日本書紀』大化四年正月壬午朔条・三年条の記述により、大化三年にはすでに豊碕宮および周辺空間の造営が開始されていたことが解明された。したがって、大化五年に評が施行されたとする見解では豊碕宮造営に間に合わないこと、また、改新詔で定めた郡の等級と木簡などの史料にみえる評の規模が一致することから、評制の施行は大化五年以前に求められるという結論にいたった。

すなわち、氏族制から脱却し、大王宮に置かれた外郭部分の官衙で実務を行う体制へ政治体制が変革したことと、そして、空間造営を実現しうる地方からの収奪・徴発体制の変化、つまり地方支配体制の改革である評制の成立という大きな画期を迎えて、「みやこ」という空間は、大王宮そのものから大王宮とその周辺空間からなる「みやこ」に転換した。日本における「みやこ」という空間史上、この大王宮周辺空間の形成は、七世紀後半の都城制導入への大きな一つの転換点といえるだろう。

註

（1）寺崎保広氏は、豪族制から官僚制へ切り替わったことで、すべての官人が豪族のもとにではなく、天皇の宮に設置された朝庭の官司に勤務することが必須となり、そのうえ原則的に毎日の出勤が求められ、宮のすぐ近くに官人たちが居住しなければならなくなったため京域を設定する必要性があり、藤原京を造営したと述べる（寺崎保広「藤原京から平城京」『続明日香村史』上巻、明日香村教育委員会、二〇〇六年、六五四—六五五頁）。

（2）本章では、天武朝に天皇号が成立したという見解にもとづき、天武朝以前は大王・大后・王子等の名称を用いる。

（3）古市晃「孝徳朝難波宮の史的意義」（『日本古代王権の支配論理』塙書房、二〇〇九年、初出二〇〇二年）二八一頁、吉川真司「難波長柄豊碕宮の歴史的位置」（大山喬平教授退官記念会編『日本国家の史的特質』古代・中世、思文閣出版、一九九七年）八九頁。
（4）『日本書紀』推古元年（五九三）十二月己卯条。
（5）黒崎直『飛鳥の宮と寺』（山川出版社、二〇〇七年）一二頁。
（6）『日本書紀』推古十一年（六〇三）十月壬申条。
（7）平松良雄「豊浦寺（豊浦）」（『続明日香村史』上巻、明日香村教育委員会、二〇〇六年）二八七頁。
（8）岸俊男「朝堂の初歩的考察」（『日本古代宮都の研究』岩波書店、一九八八年、初出一九七五年）二三九―二四二頁。
（9）仁藤敦史「上宮王家と斑鳩」（町田章ほか編『新版古代の日本6　近畿2』角川書店、一九九一年）五四―六二頁。
（10）寺崎保広『藤原京の形成』（山川出版社、二〇〇二年）三―四頁。
（11）飛鳥という地域の範囲は、近年の発掘調査から小墾田宮が雷丘東方遺跡に比定されるため、山田道より南、島庄遺跡より北、西は飛鳥川原宮の宮号から飛鳥川西岸あたりまで、東は岡寺などがある山稜までと解す。
（12）『日本書紀』舒明二年（六三〇）十月癸卯条。
（13）同、舒明八年六月条。
（14）同、舒明十一年七月条。
（15）同、皇極二年（六四三）四月丁未条。
（16）林部均「飛鳥の諸宮と藤原京―都城の成立」（吉村武彦ほか編『都城　古代日本のシンボリズム』青木書店、二〇〇七年）八頁。
（17）古人大兄王子の「私宮」（『日本書紀』皇極四年六月戊申条）、軽王子の「彼宮」（同、皇極三年正月乙亥朔条）、山背大兄王の「斑鳩宮」（同、皇極二年十一月丙子朔条）、蘇我蝦夷の「畝傍家」（同、皇極元年四月乙未条）「上宮門」、入鹿の「谷宮門」（同、皇極三年十一月条）、阿曇山背連比羅夫の「家」（同、皇極元年二月庚戌条）、翹岐（余豊璋）の「百済大井家」（同、皇極元年五月戊寅条）。
（18）難波大道は、『日本書紀』などの古文献に登場する固有名詞ではなく、一九八〇年の発見の際に作られた用語である（『難波

大道跡発掘調査報告書』大阪市文化財協会、二〇〇七年）二頁。
(19)　積山洋「初期難波京の造営―孝徳朝の難波宮と造都構想―」（『古代の都城と東アジア　大極殿と難波京』清文堂出版、二〇一三年、初出二〇〇四年）二五四―二五五頁。
(20)　井上和人「古代都城建設の実像―藤原京と平城京の史的意義を問う」（『古代都城制条里制の実証的研究』学生社、二〇〇八年、初出一九八五年）三頁。
(21)　山中章「古代宮都成立期の都市性」（佐藤信ほか編『新体系日本史6　都市社会史』山川出版社、二〇〇四年）一二八頁。
(22)　『日本書紀』朱鳥元年（六八六）正月乙卯条。
(23)　同、大化三年（六四七）十二月晦条。
(24)　同、大化五年三月戊辰条。
(25)　同、白雉元年（六五〇）十月条。
(26)　古市晃「難波における京の形成」（『都城制研究』三、二〇〇九年）九八頁。
(27)　伊藤純「上本町四丁目所在遺跡」（大阪市史編纂所ほか編『新修大阪市史』史料編　第一巻、大阪市、二〇〇四年）三一二―三一六頁。
(28)　前掲註（19）積山洋「初期難波京の造営―孝徳朝の難波宮と造都構想―」二五四―二五五頁。
(29)　積山洋「牛馬観の変遷と日本古代都城」（『古代文化』五九―一、二〇〇七年）四六頁。
(30)　この十万という人数を実数で考えるか、延べ人数で考えるか議論が分かれるところだが、古市氏は、本条の「舟二百隻」を延べ数と見る必要がないことから、功夫の合計十万人は、一定の期間を経たものであるにしても、実数を記したものと考える（古市晃「飛鳥の空間構造と都市住民の成立」（前掲『日本古代王権の支配論理』）二二八頁）。
(31)　鎌田元一「評の成立と国造」（『律令公民制の研究』塙書房、二〇〇一年、初出一九七七年）一七七頁。
(32)　八木充「律令制収取と地方組織の成立過程」（『日本古代出土木簡の研究』塙書房、二〇〇九年、初出二〇〇四年）五四頁。
(33)　鎌田元一氏は全面立評説を（前掲註（31）鎌田元一「評の成立と国造」）、関晃氏は段階的立評説を（「大化の郡司制」『大化改新の研究』下、吉川弘文館、一九九六年、初出一九六二年）論じている。

（34）鎌田元一氏は、『常陸国風土記』で明確に国造のクニから評への転換を示している記事がすべて孝徳朝であること、後世の郡領の任用に際して『続日本紀』天平七年（七三五）五月丙子条に「難波朝廷以還譜大重大」とみえるように孝徳朝が重視され、『類聚国史』巻一九、延暦十七年（七九八）三月丙申条に「昔難波朝廷、始置二諸郡一。仍択二有労一、補二於郡領一。子孫相襲、永任二其官一」、『日本後紀』弘仁二年（八一一）二月己卯条にも「夫郡領者、難波朝廷始置二其職一。有労人之、世序二其官一」とみえることから、郡制の起発点が孝徳朝にあると考える。さらに、『神宮雑例集』所引の『大同本紀』が多気評・度会評の建評を大化五年と伝えていること、また常陸国香島評の建評も同年とされることから、大化五年に全国に評制が施行されたと論じている（前掲註（31）鎌田元一「評の成立と国造」一六四―一六五頁）。

（35）前掲註（3）吉川真司「難波長柄豊碕宮の歴史的位置」八八頁。

また、近年、市大樹氏は、評制が大化元～三年に施行された可能性を指摘し、小郡宮の改作と並行しながら豊碕宮の造営が進められていたことを踏まえ、大化五年以前に造営が開始されたと考えている（市大樹「難波長柄豊碕宮の造営過程」武田佐知子編『交錯する知―衣装・信仰・女性』思文閣出版、二〇一四年）。

鷺森浩幸氏は、味経宮を豊碕宮の前身にあたる宮と考え、白雉元年に豊碕宮の造営が開始され、三年に造営が完了したと論じる（鷺森浩幸「難波と大和王権―難波屯倉・難波長柄豊碕宮―」『続日本紀研究』四一二号、二〇一六年）。

しかし、鷺森氏は、宮の造営のみに焦点をあて、それにともなう周辺空間の造営には言及していない。これまでにない大規模な豊碕宮とそれに付随する大王宮周辺空間、すなわち京域の前身空間の形成という観点からみて、『日本書紀』大化三年条に難波の工事記事がみえること、また、孝徳朝の都である難波の中心施設である豊碕宮の造営は大王宮周辺空間の造営と同時に行われたと考えられることから、それらの造営は大化三年には始まっていたと考えるのが妥当である。

（36）栄原永遠男「難波宮跡西北部出土木簡の諸問題」（『大阪の歴史』五五、二〇〇〇年）三八頁。

（37）『国史大辞典』（吉川弘文館、一九八四年）。

（38）森公章「評制と交通制度」（『地方木簡と郡家の機構』同成社、二〇〇九年、初出二〇〇七年）。

(39)　市大樹「総説」(奈良文化財研究所編『評制下荷札木簡集成』東京大学出版会、二〇〇六年)。

(40)　法隆寺幡墨書「阿久奈弥評君女子、為㆓父母㆒作㆑幡」、『日本書紀』天武五年(六七六)四月辛丑条「倭国飽波郡言、雌鶏化㆑雄」。

(41)　『藤原宮木簡』二二号に「□妻倭国所布評大野里」とあり、この地名が『和名類聚抄』大和国添上・添下郡に該当する郷名はみえないが、平城宮跡出土の荷札木簡に大野里がみえ(『平城宮木簡』二—一九二八号)、同じサトを指す可能性があることから、大宝令施行以後、添(所布・層布)が上下に分かれたとみられる(前掲註(39)『評制下荷札木簡集成』二九頁)。

(42)　奈良県概報二〇〇一—五四号木簡に「遠水海国長田評五十戸／匹□〔沼カ〕五十戸□□〔野具カ〕ツ俵五斗」とあり、「遠水海国長田評匹沼五十戸」は『和名類聚抄』遠江国長上郡蟾沼郷に該当する。なお長田郡は和銅二年(七〇九)に長上・長下両郡に分割された(『続日本紀』同年二月丁未条)(前掲註(39)『評制下荷札木簡集成』四一—四二頁)。

(43)　『飛鳥藤原京木簡』一—七二二号に「丁丑年十二月三野国刀支評次米／恵奈五十戸造阿利麻 春人服了枚布五斗俵」とあり、「三野国刀支評恵奈五十戸」は『和名類聚抄』美濃国恵奈郡絵上・絵下郷に相当する。恵奈郡の中心をなすサトが「刀支評」(後の土岐郡)にかんせられていることから、天武六年の段階では恵奈評は存在しなかったとみられる(前掲註(39)『評制下荷札木簡集成』五二頁)。

(44)　この他、領域的コオリとは性格を異にするものもある。例えば、伊場遺跡出土二一号木簡にみえる「駅評」は、駅家を拠点としたコオリである。

(45)　市大樹、前掲註(39)「総説」一六頁。

第二章　儀礼空間としての都城の確立――藤原京から平城京へ――

日本ではじめて造られた都城は藤原京である。この藤原京を、次いで造営された平城京と比べると、構造が大きく異なっていることがわかる（図3・4）。しかし、平城京以降の都城では、このような大きな構造転換は起きず、①九条×八坊を基本とする[1]、②朱雀大路が他の京内の路とは隔絶するほどの道幅を持つ、③宮城を京の中央最北に設置する、など、基本的に構造は変わることはなく、踏襲されている。このことから、藤原京から平城京への都城の構造転換は、日本の都城史上において大きな意味を持つといえる。

藤原京から平城京の間で都城の構造転換が起きたのは、飛鳥浄御原令施行期に造られた藤原京が大宝令の概念と乖離しており、平城京を大宝令にもとづく造りにしたため、あるいは『周礼』考工記匠人条に依拠して藤原京を造営したが、大宝二年（七〇二）に遣唐使が三十三年ぶりに派遣されると、長安城と藤原京の違いが明確となり、東アジア社会のなかでの国家の体面を保つことが急務となって、隋唐長安城型（以下、長安城型）の平城京が造られたためなどと考えられてきた[2]。

しかし、唐の隣国である新羅は、六世紀中頃から二百年間かけて都である王京に段階的に坊里制をしいており[3]、そ

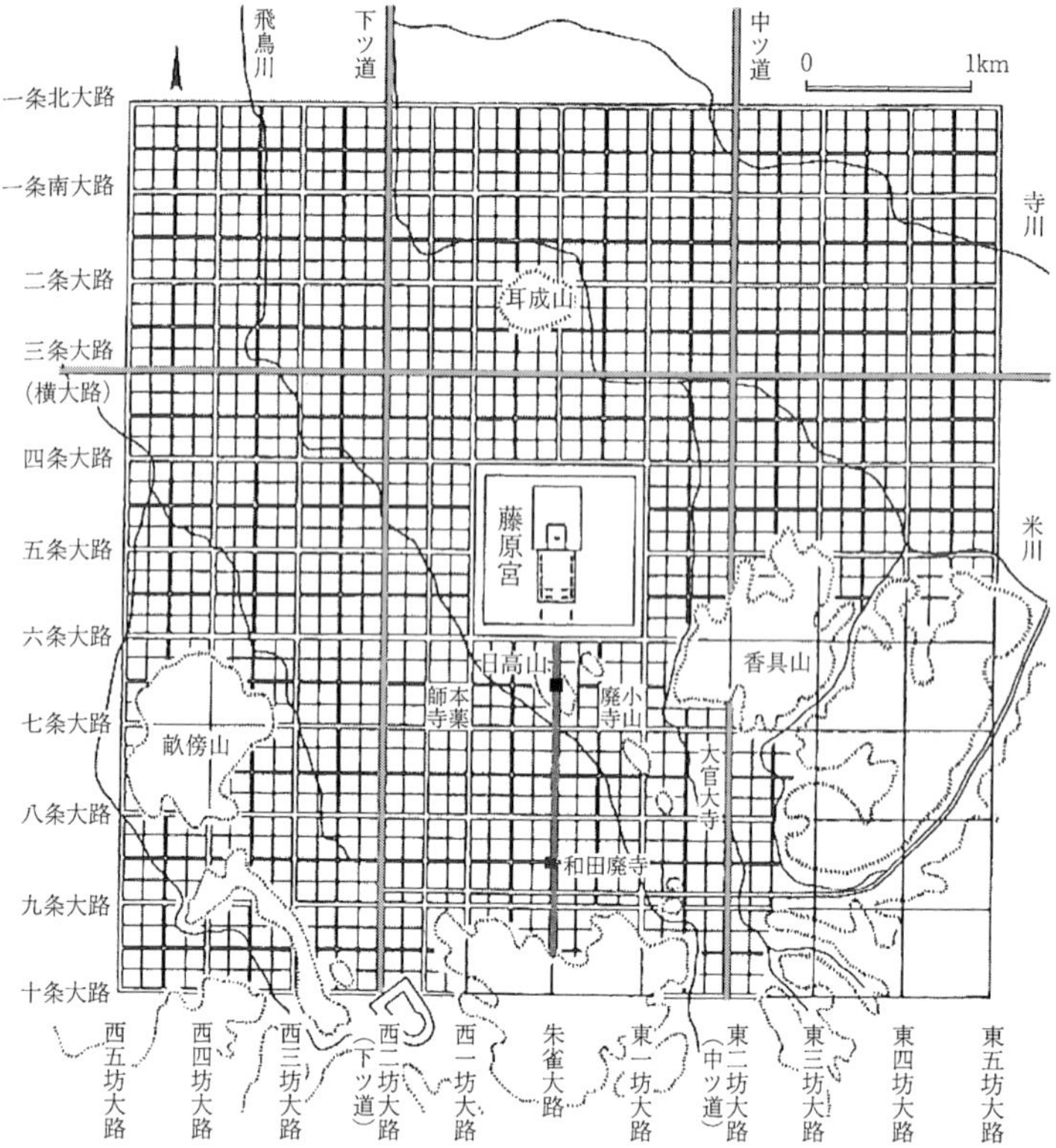

図3　藤原京（小澤毅「藤原京の成立とその様相」『日本古代宮都構造の研究』青木書店、2003年、221頁、第20図を一部改変）

の形状は長安城型でも隋唐洛陽城型でもない独自のものであった。したがって、日本も必ずしも都城を長安城型にする必要はなかった。それにもかかわらず、日本が長安城型の都城を取り入れたのは何らかの目的があったためと考えられる。

そこで本章では、藤原京から平城京への構造転換を解明するため、藤原京において具体的に京の構造のどの部分に不備があり、平城京においてどのように改善されたのかを検討する。とくに、構造が大きく変化した京南面の中軸線上の空間、すなわち宮城—朱雀門—朱雀大路—羅城門に着目して考察を行う。

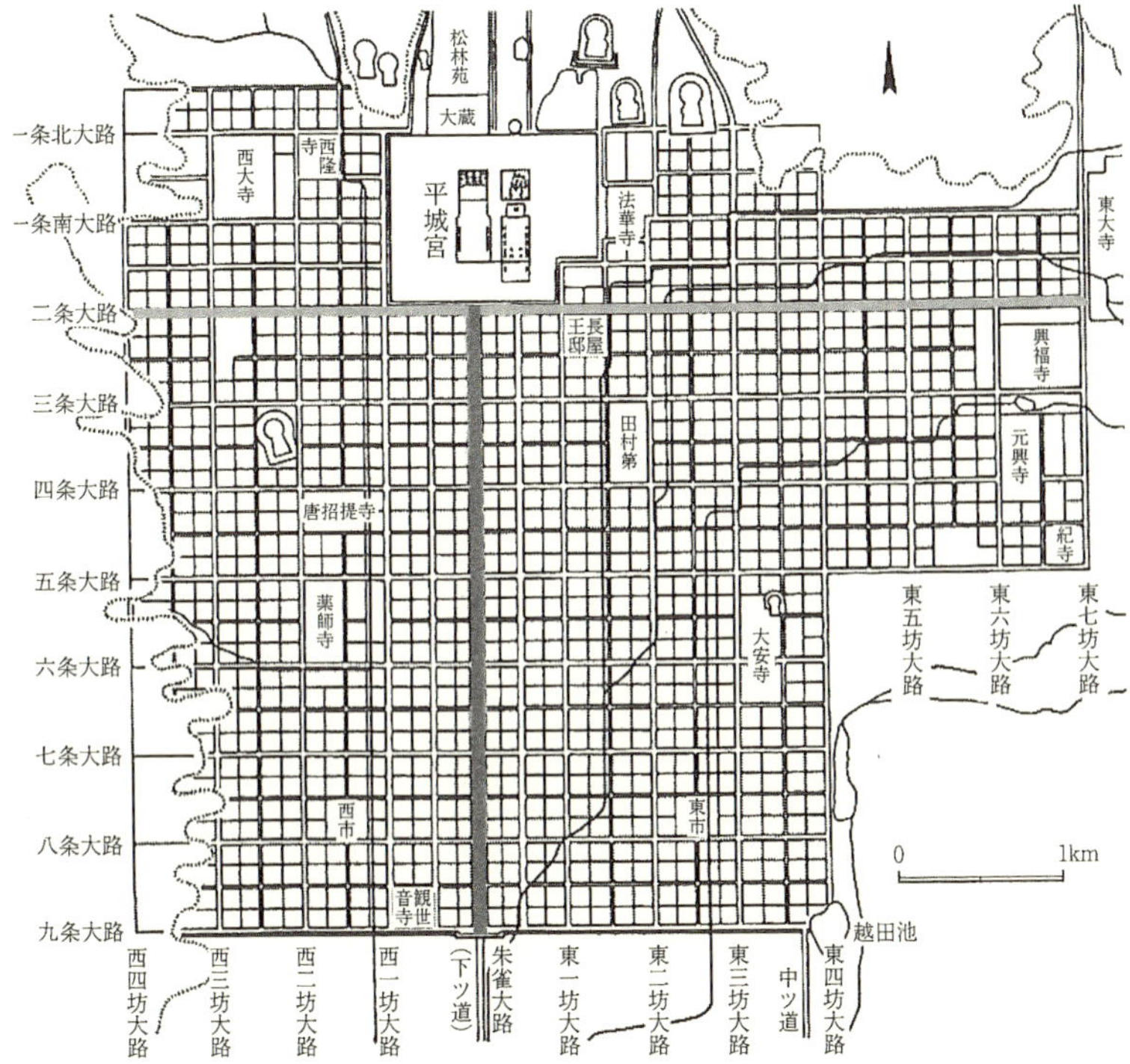

図4　平城京（前掲図3出典223頁、第21図を一部改変）

第一節　藤原京

まず、藤原京の宮城南面の中軸線上の空間をみていく。

史料1『続日本紀』和銅三年（七一〇）正月朔条

天皇御二大極殿一受レ朝。隼人・蝦夷等、亦在レ列。左将軍正五位上大伴宿禰旅人・副将軍従五位下穂積朝臣老、右将軍正五位下佐伯宿禰石湯・副将軍従五位下小野朝臣馬養等、於二皇城門外朱雀路東西一分頭、陣二列騎兵一、引二隼人・蝦夷等一而進。

史料1は、和銅三年の元日朝賀の記事であり、天皇が大極殿に出御し、左右将軍等が皇城門、すなわち朱雀門外の朱雀大路の東西に分頭し、騎兵が陣列し隼人・蝦夷を率いて宮城に進行したことがみえる。

史料1の場所について、『続日本紀』に前年の十二月の平城宮行幸の記事があり、その後藤原宮への帰還記事がないことから、天皇はそのまま平城宮にとどまった可能性が高く、平城宮・京とする見解がある。[4]

その一方で、『万葉集』巻一―七八首の題詞に「和銅三年庚戌春二月、従二藤原宮一遷二于寧楽宮一時、御輿停二長屋原一迥二望古郷一作歌　一書云、太上天皇御製」と、和銅三年二月に藤原宮から平城宮へ遷ったとあることから、和銅二年十二月の平城宮行幸から翌年二月の間に藤原宮に戻ったとも考えられ、元日朝賀が藤原宮・京で行われた可能性も否定できない。

両説とも決定的な決め手がなかったが、渡辺晃宏氏が、二〇〇二年の第一次大極殿院南面築地回廊に取り付く西楼の発掘調査で南面回廊の基壇下の整地層から出土した荷札木簡に

・伊勢国安農郡阿〔刀ヵ〕□里阿斗部身　(城42-15下)
・和銅三年正月　200・24・4　051

と書かれていることから、平城宮の大極殿が完成したのは、どんなに早く見積もっても和銅四年以降であり、史料1は藤原宮・京の元日朝賀と指摘した。[5]この見解は、現在通説となっている。

ところが、市大樹氏は、荷札木簡が出土したのは大極殿院の回廊の基壇下であり、回廊が完成していなくとも大極殿の移築は完了していたと考え、史料1は平城宮・京で行われた元日朝賀記事と捉える。[6]

史料1の時点で平城宮への大極殿の移築が完了していたとすると、藤原宮の大極殿は、和銅三年三月の平城京遷都の一年以上前に解体されていたことになる。

しかし、恭仁宮に平城宮の大極殿が移築されたのは遷都後であり[7]、平城宮第二次大極殿が造られたのも還都後である[8]。また、長岡宮の大極殿は難波宮のものを移築しており、長岡京に遷るまで平城宮第二次大極殿は機能していたと推察される。これらの事例から、藤原宮の大極殿を平城宮に移築したのも、平城京遷都後と考えることが妥当であろう。

以上から、史料1は、藤原宮・京における元日朝賀の記事と解される。したがって、藤原京の段階ですでに、宮城―宮城南面中門―朱雀大路という宮城から南に向かって一直線の儀礼空間が存在していたといえる。

一　宮城南面中門（皇城門）

藤原宮には、大垣の四面に三門ずつ開く宮城十二門が存在し、このうち正門となるのが宮城南面中門で、史料1では「皇城門」とみえる。

現在、藤原宮の宮城門は六門の調査が行われ、「皇城門」にあたる南面中門も含め宮城門はすべて一七尺等間の桁行五間（約二五メートル）・梁行二間（約一〇メートル）に復原されている[9]。つまり、藤原宮の宮城門は、すべて同規模であったと考えられ、中央にあろうが隅にあろうが格の優劣はなかった。したがって、藤原京、とくに藤原宮を造営した段階では宮城南門が正面という意識は高くなかったことがうかがえる。

二　朱雀大路

藤原京の朱雀大路[10]は、藤原京の中軸上をはしる南北大路で、藤原宮の南面で検出された道幅は二四メートルである。ところが、宮の北面二カ所で検出されている朱雀大路は幅一六メートルで、宮内先行条坊として大極殿北方や宮北面中門で検出された朱雀大路も幅一六メートルであることから、造営当初は幅一六メートルで施行され、その後、宮城の南面のみ幅二四メートルに拡幅されたと考えられている(11)。

藤原京内の道幅は、基本的に大路が約一六メートル、坊間路・条間路が約九メートル、小路が約六・五メートルである（図5）。また、推古朝に造営されたとみられる約二〇メートル幅の下ツ道・中ツ道・横大路という古道が(12)、藤原京の大路として取り入れられ、朱雀大路を拡張するまで京内最大規模の大路であった。その後、藤原宮以南の朱雀大路は拡張され、京内で一番の広さを有する路となったが、平城京以降の都城のごとく他の大路とを隔絶するほどの道幅ではなかった（図6）。

また、史料1には「皇城門外朱雀路」とあり、皇城門外、すなわち藤原宮の宮城南面中門から南へ延びる南北大路を「朱雀路」と称している。加えて、宮城北面の中軸線上の南北大路は拡張されず幅一六メートルのままで、他の大路と規模が同じであったことを鑑みると、宮城南面の中軸線上の南北大路のみが朱雀大路であった可能性も推察される。

しかし、宮城南面の朱雀大路上には、七世紀後半から八世紀後半まで存続した和田廃寺が置かれていた（図3）。二〇〇〇年に奈良県が行なった和田廃寺の発掘調査では、寺域中を通るはずの朱雀大路は検出されなかった。この調査成果を踏まえ、林部均氏は、飛鳥川以南において朱雀大路は存在しなかったか、道路幅を縮小している可能性が考えられると述べる(13)。また、西本昌弘氏は、官大寺の筆頭たる高市大寺が日高山の南方に存在したと想定し、その寺域が朱雀大路の予約地に大きくかかっていたため、朱雀大路の設定は先送りにされたと推測する(14)。このように、現段階では、南京極まで朱雀大路が延びていた可能性は低い。

さらに、朱雀大路両側沿いの坊垣と坊門という遮蔽施設は史料にみえず、発掘調査でも見つかっていないことから

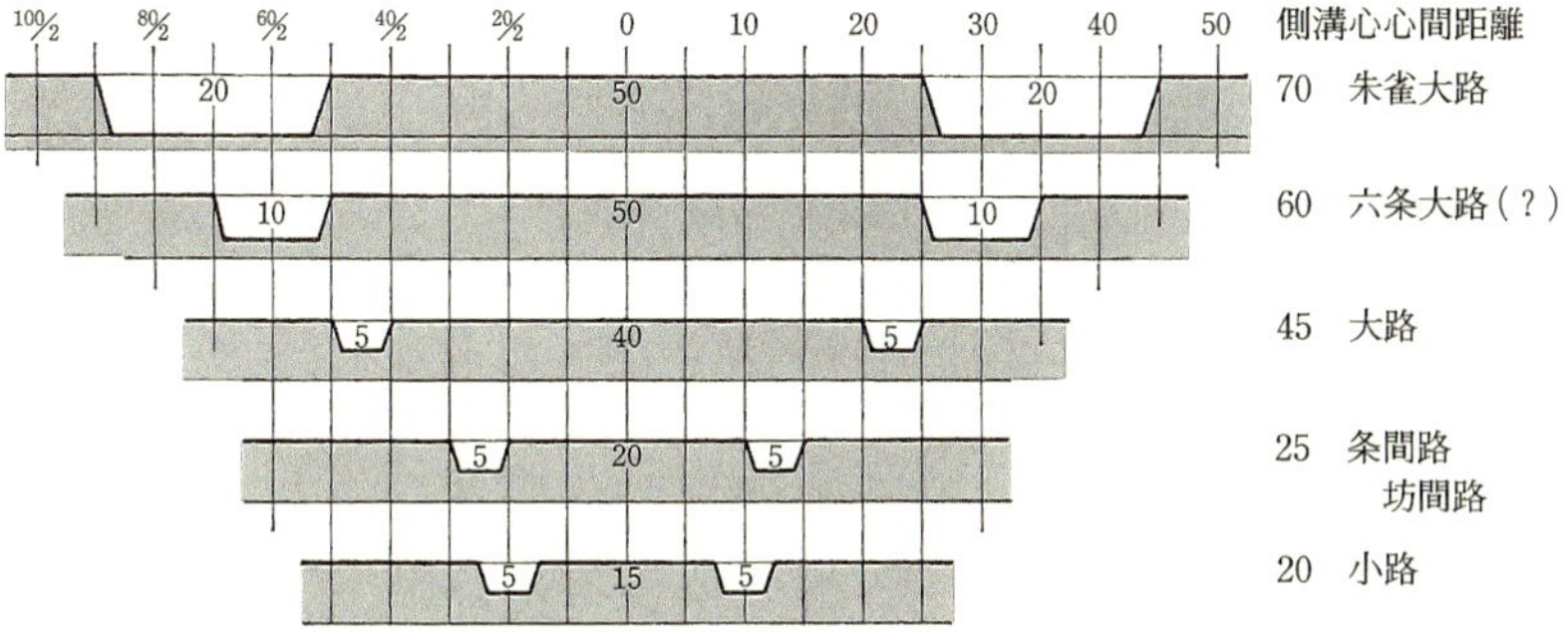

図5　藤原京の道幅（奈良文化財研究所編『日中古代都城図録改訂版』クバプロ、2009年、38頁）

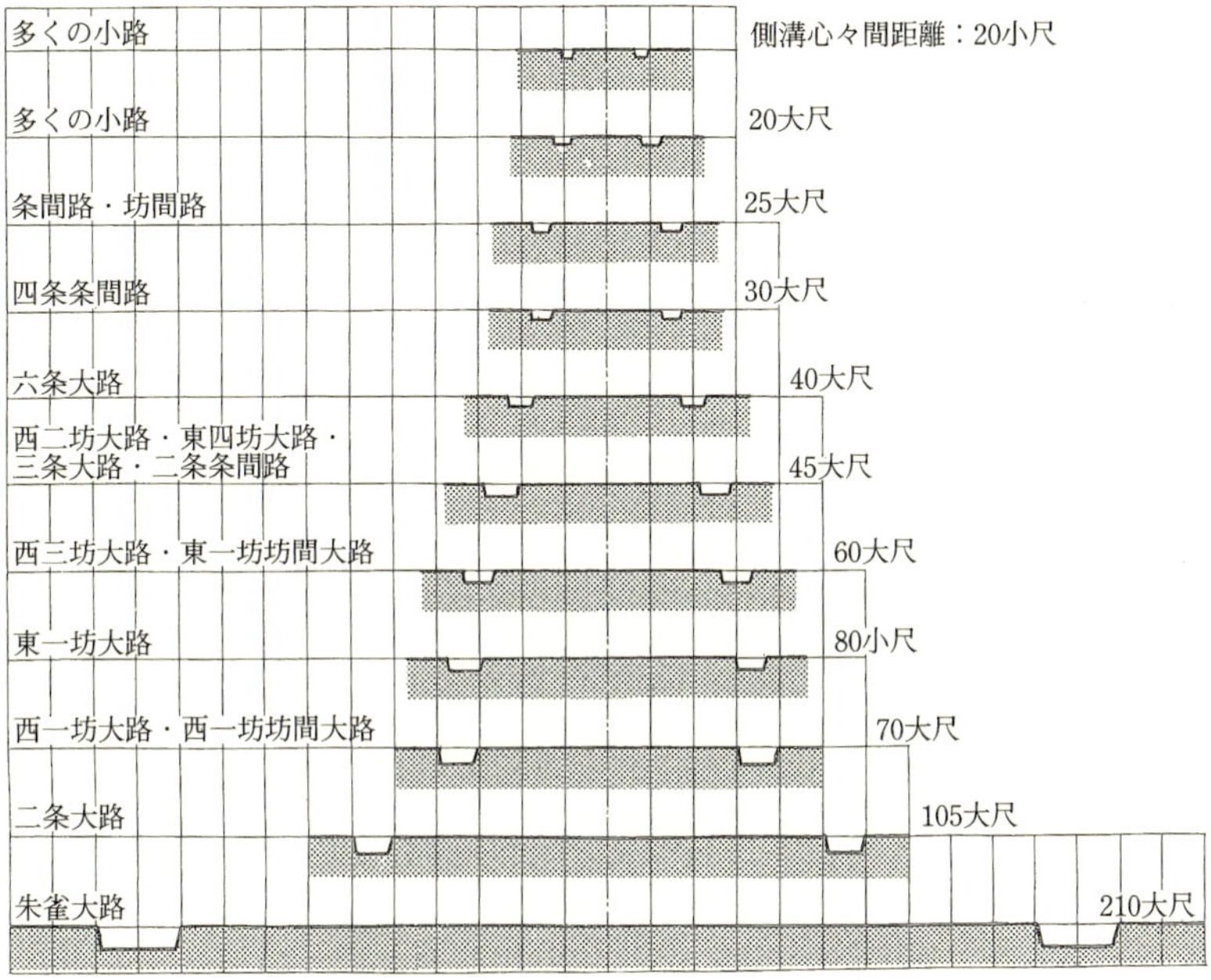

図6　平城京の道幅（前掲図5の出典、58頁）

存在しなかったと考えられる(15)。

史料1にみえるように、藤原京の朱雀大路では元日朝賀の儀式が行われている。山本崇氏は、大儀の幡にかかわる『延喜式』の規定を令制当初の状況をきわめて正確に伝えるものと捉え、藤原宮における大宝令制下の大儀の衛府の陣は、大極殿南門外に左右兵衛府、朝堂院南門外に左右衛士府、朱雀門外に衛門府という配置であったと推定する(16)。この見解を踏まえると、史料1の元日朝賀の際、「皇城門外朱雀路東西」には騎兵のほか、衛門府の衛士が儀仗を携えて参列していたと考えられる。

史料2　延喜左右衛門府式大儀条

大儀謂三元日、即位及受二蕃国使表一。
（中略）督率二尉以下一、隊二於会昌門外左一。若蕃客朝拝者、隊二於応天門内一。鷲像纛幡一旒、鷹像隊幡二旒、小幡卌九旒、鉦鼓各一面。
伴氏五位一人、右佐伯氏、各服二礼服一。率二門部三人一装束同レ上。不レ著二弓箭一。入レ自二腋門一。居二会昌門内左廂一。門部在二門下一。依二時尅一令二開門一。佐
率二尉以下一、隊二於応天門外左一。隊幡二旒、小幡卌五旒。尉一人率二門部三人一居二門下一。開門畢還二本陣一。又尉率二
志以下一、隊二於朱雀門外一、隊幡二旒、小幡卌八旒。志一人率二門部五人一居二門下一。開門畢還二本陣一。自二朱雀門外一
至二于第一坊門傍路一、衛士隊レ之。又尉率二衛士已上一、隊二於龍尾道以南諸門一、小幡四旒。志率二衛士已上一、隊二於東
西諸門及餘腋門一。其供二奉駕一陣者、駕御二後殿一。各就二本隊一。礼畢駕還。供奉如レ初。兵庫寮撃二退鼓一。群官退出。
其隊進退准二近衛府一。

衛門府の衛士が参列した場所は、史料2に「自二朱雀門外一至二于第一坊門傍路一」とみえることから、藤原宮の南面中門から「第一坊門傍路」に該当する六条条間路が接する地点までの朱雀大路と推察される。

しかし、その空間は、南北約三〇〇メートル、東西約二四メートルで、平城京の朱雀門前の空間に比べ半分以下の

広さしかなかった。また、六条条門路と朱雀大路が接する場所には、ちょうど日高山という丘陵がある（図3）。このことから、『延喜式』にみえるように、藤原京では宮城南面中門から南二町分まで朱雀大路を使わず、実際には南北距離はもっと短かった可能性が想定され、このような大人数が参加する儀礼を行うには狭小な空間であったと推察される。以上の検討から明らかなように、藤原京の朱雀大路は、平城京以降の都城の朱雀大路に比べ、構造的に儀礼空間として整っていなかったのである。

三　羅城門・羅城

羅城門は京の玄関口であり、平城京以降の都城ではそこで郊労などをはじめとした様々な儀礼が執り行われている(17)。ところが、藤原京の羅城門および羅城は史料に一切みえず、羅城門の設置が想定される場所には丘陵が張り出している（図3）。かつ、先述したように、南京極まで朱雀大路が延びていない可能性が考えられる。

また、藤原京は奈良盆地の南部に位置しており、横大路・下ツ道を使って藤原宮に向かうことになる(18)。すなわち、北から都に入り、いったん南に回った後、藤原宮の南面に向かうことになる。仮に、羅城門が想定される中軸線上の南京極から藤原京に入り朱雀大路を北進して藤原宮に向かうと、かなりの迂回を余儀なくされる。

加えて、和田廃寺と山田道の間の高低差は約一〇メートルあり、急激に南に高くなる。つまり、羅城門が想定される場所に設置されていたとすると、門を通過するとすぐ急な下り坂になってしまう。したがって、地形的な観点からも藤原京の羅城門の存在は想定しがたい。

以上の検討から、藤原宮の南面中門は正門として重視して造られておらず、藤原京の朱雀大路は、当初、他の大路と同じ道幅であった。また、従来から藤原京の羅城と羅城門がないと述べられてきたが、史料に一切みえず、発掘調査成果や地形、最新の説も考慮した結果、総合的に考えて藤原京において羅城と羅城門は設置されていなかったと考えられる。したがって、藤原京は、当初宮城南面を正面として重視して造られていなかった。そのため、造営当初は宮城―宮城南面中門―朱雀大路という都城の中軸線上の儀礼空間も整備されなかったと考えられる。その後、朱雀大路の道幅を拡張し、京南面の中軸線が整備された。しかし、拡張後の朱雀大路は、他の大路に比べ隔絶した規模を持たず、藤原京の構造は、国家の威容を誇示する舞台装置としては不完全なものであった。

第二節　平城京

次に、平城京の中軸線上の空間の実態をみていく。

史料3『続日本紀』霊亀元年（七一五）正月甲申朔条

天皇御㆓大極殿㆒受㆑朝。皇太子始加㆓礼服㆒拝朝。陸奥・出羽蝦夷并南嶋奄美・夜久・度感・信覚・球美等、来朝各貢㆓方物㆒。其儀、朱雀門左右、陣㆓列鼓吹・騎兵㆒。元会之日、用㆓鉦鼓㆒、自㆑是始矣。

史料3は、霊亀元年の元日朝賀の記事であり、傍線部分には朱雀門の左右に鼓吹戸と騎兵が陣列していることがみえる。この傍線部分は、史料1の「於㆓皇城門外朱雀路東西㆒分頭、陣㆓列騎兵㆒」に類似していることから、史料3の「朱雀門左右」とは、朱雀門外の朱雀大路の東西を指すと解される。また、史料3は、和銅三年以来の元日朝賀記事であり、大極殿も史料1以降はじめてみえることから、この前年ごろに藤原宮から平城宮へ大極殿の移築が完了したと考えられる。(19)

一　朱雀大路

平城京の朱雀大路の道幅は、藤原京朱雀大路の約三倍の約七四メートルであり、二番目の広さの二条大路の道幅は約三七メートルで、半分以下の規模であった。したがって、平城京朱雀大路は、藤原京とは異なり、他の京内の大路とは隔絶した規模を有していたことがわかる。それにより、朱雀門から第一坊門までの朱雀大路という朱雀門前の空間は、藤原京の約三倍の広さがあった。そこに、元日朝賀などの大儀の際、鼓吹戸・騎兵・衛士を分立させたと考えられる。

史料4『続日本紀』天平六年（七三四）二月癸巳朔条

天皇御二朱雀門一、覧二歌垣一。男女二百卌餘人、五品已上有二風流一者、皆交二雑其中一。正四位下長田王、従四位下栗栖王・門部王、従五位下野中王等為レ頭。以二本末一唱和、為二難波曲・倭部曲・浅茅原曲・広瀬曲・八裳刺曲之音一。令二都中士女縦観一。極レ歓而罷。賜下奉二歌垣一男女等禄上有レ差。

また、史料4にみえるように、この空間では天平六年に聖武天皇が朱雀門に出御して大規模な歌垣が行われている。この時、朱雀門前には二百四十人以上の歌垣参加者の男女、そして見物人の「都中士女」がおり、多くの人間が集まっていた。このように、平城京において朱雀門前の空間は、儀式や行事を行うことが可能な巨大広場へと変化した。

そのうえ、平城京では、隋唐長安城のごとく宮城を京の中央最北に置く構造に変えたことで、藤原京では約一キロメートルしかなかった宮城から南京極までの朱雀大路を約三・八キロメートルと約四倍に伸ばした。

そして、羅城門と朱雀門の高低差は一三・八メートル、羅城門と宮城内の中央区大極殿の高低差は二一メートルと羅城門から朱雀門へ北進する大路は、ゆるい登り勾配になるように造られた。これは、朱雀大路を北進する人に、壮大な朱雀門とその奥の大極殿がやや高く、威圧するようにみえる仕掛けであった。[20]

さらに、朱雀大路の両側に高さ五メートルの坊垣と坊門を設置することで[21]、朱雀大路沿いの建物を見ることを遮断し、自然と朱雀門とその奥にある大極殿へと視線を誘導させた。これにより、都の荘厳さを国内外に示す機能を京南面の中軸線上の空間に持たせることになった。

二　羅城門・羅城

平城京の羅城門は、発掘調査により桁行七間、梁行二間の礎石建ちで、瓦葺の重層門に復原される京内最大級の門であった[22]。

史料5『続日本紀』天平十九年（七四七）六月己未（十五日）条

於二羅城門一雩。

史料6『続日本紀』和銅七年（七一四）十二月己卯（二十六日）条

新羅使入京。遣二従六位下布勢朝臣人・正七位上大野朝臣東人一、率二騎兵一百七十一、迎二於三椅一。

史料7『唐大和上東征伝』

天平勝宝六年甲午正月十一日丁未、副使従四位上大伴宿禰胡麿奏、大和上到二筑志大宰府一。二月一日到二難波一。（中略）四日、入レ京。勅、遣二正四位下安宿王於羅城門外一、迎慰拝労。引二入東大寺一安置。

史料8『続日本紀』宝亀八年（七七七）四月戊戌（十七日）条

遣唐大使佐伯宿禰今毛人等辞見。但大使今毛人到二羅城門一、称レ病而留。

史料9『続日本紀』宝亀十年四月庚子（三十日）条

唐客入レ京。将軍等、率二騎兵二百、蝦夷廿人一、迎二接於京城門外三橋一。

史料5は、羅城門の初出記事である。雨乞いを行なっていることから、羅城門は門としてだけでなく儀礼の場として用いられていたことがうかがえる。また、史料9では、宝亀十年に羅城門外の三橋で騎兵二百人・蝦夷二十人が唐客を出迎えている。奈良時代前半にも同様のことが行われており、史料6の和銅七年の新羅使入京の際には、三椅（三橋）で騎兵百七十人が出迎えている。そして、史料7では、天平勝宝六年（七五四）に鑑真が入京した際、安宿王を遣わして羅城門の外で出迎えている。このように、羅城門は京の玄関口であり、その外は郊労儀礼の場であった。

平城京の羅城門の設置について、遷都から約三十年たってはじめて羅城門の記事（史料5）がみえること、史料6の和銅七年の新羅使入京時に羅城門の記載がみえないこと、羅城門周辺の発掘調査で出土した軒瓦が形式上七五〇年代と考えられることから、遷都からかなり遅れて七五〇年前後に造られたという見解がある。[23]

しかし、小澤毅氏は、軒瓦は羅城門第二次調査で集中的に出土したものであるが、その場所は羅城門本体ではなく、九条大路を隔てた北側の朱雀大路に面した西側築地周辺であることから、羅城門所用の瓦と認めることはできず、[24]和銅七年の新羅使入京も宝亀十年の唐使入京と同様三椅（三橋）で迎接していることは、そこに北接する「羅城門」の存在を前提としていたとみなせ、和銅七年に羅城門はなかったと断ずることはできないと論じる。[25]

史料10『令集解』宮衛令26車駕出入条所引古記

当按、謂二亦次一耳。鹵簿図、謂行幸之図也。仮令、行二芳野一、左右京職列レ道。次隼人司、衛門府、次左衛士府、次図書寮。如レ此諸司当次図耳。至二羅城之外一、倭国列レ道、京職停止也。

また、史料10には、天皇が京外に行幸で出る際、羅城内に左右京職等が、外には大和国の官人が道に列立して天皇の一行を迎えるとある。古記は天平十年頃に成立した大宝令の注釈書であり、そこに羅城の記載があることは、この頃には平城京の羅城が存在していたことを示唆する。

二〇〇五年の下三橋遺跡の発掘調査では、羅城門から東一坊大路までの区画で掘立柱列と濠が検出され、二〇一一年の平城京南方遺跡の発掘調査では、平城京南面西端で二本の柱列が検出されており、平城京の羅城は瓦葺きの築地塀と想定されている(26)。また、左京九条四坊からも羅城とみられる築地塀が検出されており、平城京の南面全域に羅城が設置されていたと考えられる(27)。したがって、天平十年の段階で京南面に羅城があるのに、羅城門が七五〇年頃まで造営されなかったというのは、あまりに不自然ではないだろうか。

また、聖武即位直後の神亀元年（七二四）から天平年間の初めにかけ、外国使節への威圧を目的として(28)、平城京の貴族や富裕者の宅、大宰府から山陽道の駅家を瓦葺・朱塗・白壁にさせている(29)。そして、神亀三年には難波京の造営に着手し(30)、この時期に山陽道の駅家—難波京—平城京という外交使節の入京経路の大整備を行なっている。

このことから、京の玄関口であり、史料7・9にみえるように外交使節の儀礼の場である羅城門は、この大整備の時点で造営されていた、もしくは造営されたと考えられる。したがって、神亀から天平年間の初めには羅城と羅城門が存在していたとみて差し支えない。

また、藤原宮から平城宮への大極殿の移築に連動して羅城門も完成し、和銅七年の新羅使入京時には羅城門が置かれていたという小澤氏の見解も否定はできない(31)。ただし、今の段階ではそれを明確に根拠づける資料がないため、今後の発掘調査の結果を待ち、現段階では神亀から天平年間の初めに羅城門と羅城が存在していたと述べるに留めたい。

以上、平城京では長安城型の都城形態を取り入れたことにより、隔絶性をもつ京内最大規模の朱雀大路を造り、朱雀門前の儀礼空間を整備した。また、宮城の正門である朱雀門も他の宮城門より規模を大きくし、宮城南面が正面と示す造りとなった。そして、遷都から比較的早い段階で、宮城—朱雀門—朱雀大路—羅城門という京南面の中軸線上の儀礼空間が成立したと考えられる。

第三節　都城の構造転換

では、なぜ藤原京では、京南面中軸線上の儀礼空間を造営当初から造ろうとしなかったのだろうか。それは、日本の都城制の受容と密接に関わる。日本の都城は、他の東アジアの都城と同じく貴族・官人の集住地であった。しかし、日本の場合は、天皇が貴族・官人に京内の宅地を班給していた。その宅地は、位階・身分によって面積が決められ、班給は遷都のたびに行われた[32]。これは、都への貴族・官人の集住を徹底させるための政策であった。

孝徳朝以降、大化前代の氏族制から脱却し、大王宮に置かれた外郭部分の官衙で実務を行う体制になり、政務の場所が大王宮に置かれた官衙に変わったことで、あらゆる人・組織が大王宮に一元化し、大王宮周辺には豪族・官人らが住みはじめ[33]、京域的空間が形成された。

しかし、都城制によって形成された京域では、坊を十六等分した町を基準に、正一位（正大壱）から無位までの有位者に京内の宅地を与え、京内に住むことを強制させた。さらに、貴族層に対しては居住地のみならず、本貫も本拠地から「京」に移させ、戸籍上においても「京」に縛りつけた。

したがって、七世紀後半に都城制を導入するにあたり、天皇を頂点にする律令国家体制を樹立するために、貴族・官人を強制的に集住させる「京」を造ることが最重要課題とされた。そのため、既存の主要交通路である下ツ道と中ツ道と横大路を藤原京へ取り込み、造営の基準線とし造営を進めた。下ツ道と中ツ道の中間点に都城の中軸線を設置し、そこから順次直線道路をしいていき、宅地班給の基準となる均一な正方形の土地区画である坊を生み出していった。そして、古道以外の大路は朱雀大路であろうともすべて一六メートル幅にし、平城京以降の都城のように隔絶性を持つ朱雀大路や二条大路を造ることはなかった。

ところが、遣唐使の再開によって中国の儀式を直接知るようになり、唐礼を意識した儀式の整備がされるようになると、[34]儀礼空間としての都城の役割が求められるようになった。そこで、朱雀大路の拡張などを行なって対応するものの、平城京以降の朱雀大路のように、他の大路を隔絶するほどの広さを持たせることはできなかった。加えて、藤原京は都城の中心に宮城を置く構造であり、皇城門を含めた宮城十二門はすべて同一規模であったと想定されることから、都の南面を正面とする認識が薄かった。そして、藤原宮が一番低い場所にあり、そのすぐ南面には日高山もあることから平城京のような視覚効果を持つこともできず、儀礼空間として不完全であった。

そこで、これらの問題を解決するため、平城京の造営にあたって、長安城型へと都城の構造を大きく変え、宮城―正門として宮城門の中で最大級の規模で重層門の朱雀門―京内の他の大路と隔絶するほど一番広い道幅を有する朱雀大路―京内で最大の門であり玄関口である羅城門、という都城の中軸線上の儀礼空間が完成した。これにより、儀礼空間としての都城が確立したのである。

むすび――儀礼空間としての都城の成立――

まず、藤原京は、造営当初、宮城南面を正面として重視して造られておらず、宮城―宮城南面中門―朱雀大路という都城の中軸線上の儀礼空間は整備されていなかった。その後、朱雀大路の道幅を拡張し、京南面の中軸線を整備するものの、他の大路に比べ隔絶した規模を持たず、藤原京の都城の中軸線上の儀礼空間は、宮城門や朱雀大路などの規模・構造から多分に未熟なものであった。それゆえ、国家の威容を誇示する舞台装置としては不完全なものであった。

しかし、隋唐長安城の都城形態を取り入れた平城京では、隔絶性を持つ京内最大規模の朱雀大路が造られ、朱雀門前の儀礼空間が整備された。また、宮城の正門である朱雀門も他の宮城門より規模を大きくし、宮城南面が正面と示す造りとし、宮城―朱雀門―朱雀大路―羅城門という京南面の中軸線上の儀礼空間が成立した。

藤原京で造営当初から京南面中軸線上の儀礼空間を整備しなかったのは、日本の都城制の受容目的が、貴族・官人を強制集住させる「京」を造ることにあり、それを優先して造営が進められたためであった。

ところが、遣唐使の再開で唐礼がもたらされたことで、儀礼空間としての都城の役割が求められるようになり、藤原京の構造不備が浮かび上がるようになった。そこで、都城の構造を大きく転換し、新たに長安型の平城京が造られたことで、儀礼空間としての都城が確立した。そして、平城京の構造は、日本の都城の基本設計となり、平安京まで幾度の遷都を繰り返しながらも受け継がれていったのである。

註

（1）平城京は基本九条八坊であり、さらに大規模寺院などの用地と考えられる外京と奈良時代後半に造られた北辺坊があった。恭仁京・難波京の条坊数は不明だが、長岡京・平安京も九条八坊であった。

（2）井上和人「藤原京・平城京造営の実像」（『古代都城制条里制の実証的研究』学生社、二〇〇四年、初出二〇〇三年）二三〇頁。

（3）黄仁鎬「新羅王京の都市構造と発掘過程」（奈良文化財研究所編『日中韓　古代都城文化の潮流―奈文研六〇年　都城の発掘と共同研究―』クバプロ、二〇一四年）。

（4）新日本古典文学大系『続日本紀』一巻（岩波書店、一九八九年）一五八、四〇六頁。

（5）渡辺晃宏「平城宮第一次大極殿の成立」（『奈良文化財研究所紀要』二〇〇三、奈良文化財研究所、二〇〇三年）一八―一九頁、渡辺晃宏「平城宮中枢部の構造―その変遷と史的位置―」（義江彰夫編『古代中世の政治と権力』吉川弘文館、二〇〇六年）一二三―一二四頁。

（6）市大樹「平城遷都直前の元日朝賀と賜宴」（吉村武彦編『日本古代の国家と王権・社会』塙書房、二〇一四年）二三九―二四〇頁。

（7）『続日本紀』天平十五年（七四三）十二月辛卯条。

（8）平城京還都後、平城宮東区の掘立柱建物（大安殿）は礎石建物（第二次大極殿）に建替えられたと考えられるが、それが行われた時期は遷都直後か、もう少し降るのかは決め手がない（渡辺晃宏「平城宮の建設と構造」『季刊考古学』一一二号、二〇一〇年、三二頁）。

（9）市大樹「藤原京」（森公章編『史跡で読む日本の歴史3　古代国家の形成』吉川弘文館、二〇一〇年）七八頁。

（10）藤原京の朱雀大路は、史料1に「朱雀路」とみえるのみで、当時、朱雀大路と称されていたのかは不明であるが、本章では便宜上、朱雀大路の名称を用いる。

（11）林部均「藤原京の『朱雀大路』と京域―最近の藤原京南辺の調査から―」（『条里制・古代都市研究』二〇号、二〇〇四年）四九頁。

（12）岸俊男「古道の歴史」（『日本古代宮都の研究』岩波書店、一九八八年、初出一九七〇年）三九―四一頁、近江俊秀「下ツ道考―大和における正方位直線道路の成立時期をめぐる検討―」（『古代文化』六一―二、二〇〇九年）三六頁。

（13）前掲註（11）林部均「藤原京の『朱雀大路』と京域―最近の藤原京南辺の調査から―」四九―五〇頁。

（14）西本昌弘「高市大寺（大官大寺）の所在地と藤原京の朱雀大路」（『飛鳥・藤原と古代王権』同成社、二〇一四年、初出二〇一二年）一二七頁。

（15）北村優季「藤原京と平城京」（『平城京成立史論』吉川弘文館、二〇一三年、初出一九九二年）六六頁。

（16）山本崇「平安時代の即位儀とその儀仗―文安即位調度考―」（『立命館文学』六二四号、二〇一二年）一〇六―一〇七頁。

(17) 今泉隆雄「平城京の朱雀大路」(『古代宮都の研究』吉川弘文館、一九九三年)二五〇—二五二頁。
(18) 林部均「藤原京の条坊制—その実情と意義—」(『都城制研究』一、二〇〇七年)四四—四六頁。
(19) 前掲註(5)渡辺晃宏「平城宮第一次大極殿の成立」一九頁。
(20) 前掲註(17)今泉隆雄「平城京の朱雀大路」二四七—二四八頁。
(21) 岸俊男「難波宮の系譜」(『日本古代宮都の研究』岩波書店、一九八八年、初出一九七七年)三四四—三四六頁。
(22) 井上和人「平城京の羅城門再考—平城京の羅城と京南辺条条里—」(『古代都城制条里制の実証的研究』学生社、二〇〇四年、初出一九九八年)二五二頁。
(23) 山川均・佐藤亜聖「下三橋遺跡の発掘調査について—古代都市平城京に関する新知見—」(『条里制・古代都市研究』二二号、二〇〇七年)。
(24) 小澤毅「平城京左京「十条」条坊の位置づけをめぐって—条里との関係および羅城門造営年代の再検討—」(『都城制研究』三、二〇〇九年)四二頁。
(25) 前掲註(24)小澤毅「平城京左京「十条」条坊の位置づけをめぐって—条里との関係および羅城門造営年代の再検討—」四二頁、井上和人「古代都城建設の実像—藤原京・平城京の史的意義を問う—」(『日本古代都城制の研究—藤原京・平城京の史的意義—』吉川弘文館、二〇〇八年)三一頁。
(26) 鶴見泰寿「平城京羅城門周辺の発掘調査」(『条里制・古代都市研究』二九号、二〇一三年)四七頁。
(27) 前掲註(22)井上和人「平城京の羅城門再考—平城京の羅城と京南辺条条里—」二七三頁、井上和人「平城京左京南辺特殊地区再論」(『条里制・古代都市研究』三〇号、二〇一五年)五七—五九頁。
(28) 今泉隆雄「律令制都城の成立と展開」(『古代宮都の研究』吉川弘文館、一九九三年、初出一九八四年)二八四頁。
(29) 『続日本紀』神亀元年(七二四)十一月甲子条、天平元年四月癸亥条、天平元年八月癸亥条、『藤氏家伝』武智麻呂伝。
(30) 『続日本紀』神亀三年十月庚午条。
(31) 前掲註(24)小澤毅「平城京左京「十条」条坊の位置づけをめぐって—条里との関係および羅城門造営年代の再検討—」四

二頁。また、小澤氏は、門の規模から平城京の羅城門は藤原宮大極殿門が移築された可能性があると述べる（小澤毅「平城宮と藤原宮の「重閣門」」（国立文化財機構奈良文化財研究所編『文化財学の新地平』吉川弘文館、二〇一三年）六九三―六九五頁）。

(32)　藤原京（新益京）以外の宅地班給記事は、聖武朝の難波京、恭仁京、保良京、平安京の四例がある。

(33)　第Ⅰ部第一章。

(34)　藤森健太郎「八世紀までの即位儀礼と朝賀儀礼」（『古代天皇の即位儀礼』吉川弘文館、二〇〇〇年）一九〇頁。

第三章　保良京の史的意義

保良京は、淳仁朝において近江国に造営された都である。

表1に示したように、淳仁天皇即位翌年の天平宝字三年（七五九）十一月に保良宮の造営が開始される。五年正月には諸司の主典以上に保良京の宅地班給を行い、十月には淳仁が保良宮に移っている。しかし、淳仁と孝謙上皇の不和が生じ、翌年五月に淳仁と孝謙は平城京に戻る。(1)それ以降の保良京の動向は不明確だが、神護景雲二年（七六八）に保良庄を含む滋賀郡・栗太郡の庄家や墾田が朝廷から西大寺に施入されている。(2)それにともなって作られた図は近江国の分が十三巻で、うち六巻は保良庄の図であることから、保良庄が広大なものであったことがうかがえる。このことから、仲麻呂の乱による淳仁廃位後に、保良宮の全域から保良京にわたる相当な面積の土地が西大寺に寄進されたことで、宮・京が解体されたと推察される。(3)

また、その京域は、滋賀および栗太の二郡にまたがるものであった（図7）。ただし、場所柄大規模な発掘調査が行えず、今日でも京の規模や実態、保良宮の具体的な所在地は明確ではない。

保良京の研究は、滝川政次郎氏が一九五五年に発表した「保良京考」ではじめて本格的に行われた。氏は『続日本

『続日本紀』以外の史料	石山寺
仁部省が、坤宮官の仕丁１人が逃走したため、甲斐国司に代人を速やかに保良宮に貢上することを命じる。(「甲斐国司解」『大日本古文書』四−523〜524)	
	石山寺の大改修を開始
東大寺領近江高島山の杣から杉榑を保良大師殿（恵美押勝第）に運ぶ。(「安都雄足用銭注文」『大日本古文書』一六−57〜58)	
	石山寺写経所を設置
大津宮（保良宮）に仕丁等の養物を受け取りに行く。(「造東大寺司告朔解」『大日本古文書』五−125〜131)	
	石山寺改修を終了
造東大寺司から近江国勢多庄領に対して、石山院の造寺料物を盗んだ盗人の勘問を命じ、国府と市司にも通知させる。(「造東大寺司符」『大日本古文書』五−333〜334)	
	写経所が奈良に戻る。
朝廷が西大寺に近江国滋賀・栗太両郡の庄家と墾田を施入する。(『西大寺流記資材帳』『西大寺資材流記帳』下巻（西大寺所蔵本　西大寺文書一〇一函六・『寧楽遺文』中巻、411〜413頁）)	

表1　保良京の沿革

年	月日	『続日本紀』
天平宝字二年（758）	8月1日	淳仁天皇即位
天平宝字三年（759）	11月16日	造宮輔中臣丸連張弓、越前員外介長野連君足、六位以下の官人5名を派遣し、保良宮の造営を開始する。
天平宝字四年（760）	8月22日	新京（保良京）の諸の大小寺と僧尼・神主、百官の主典已上に新銭を与える。
	8月26日	新京（保良京）の僧尼34人に絁・綿を与える。
天平宝字五年（761）	正月1日	保良宮が未完成のため廃朝。
	正月21日	諸司の史生以上に保良京の宅地班給を行う。
	9月30日	
	10月11日	保良遷都のための賜稲を行う。
	10月13日	淳仁天皇が保良宮に移る。
	10月19日	保良京内の藤原御楯第と恵美押勝第に行幸する。
	10月28日	平城宮の改作のため保良宮に移ったことに伴い、保良宮造営の功による褒賞・叙位・免租・大赦等の詔を出す。 北京（保良京）造営を議し、保良京が所在する両郡を畿県とし、庸を停止し、調の数量を「京」に準じさせる勅を出す。
	11月	
	12月14日	
	12月	
	月日不明	孝謙上皇が保良京に移る。
天平宝字六年（762）	正月1日	保良宮が未完成のため廃朝。
	3月1日	
	3月3日	保良宮の西南に池亭を造り、曲水の宴を行う。
	3月25日	保良宮の造営を諸国に分配する。
	5月1日	
	5月23日	孝謙と淳仁が不和となり、平城京に帰る。
	閏12月23日	
	12月	
天平宝字七年（763）	正月15日	造宮に使役した左右京・五畿内・近江国の兵士の天平宝字六年の租を免除する。
天平宝字八年（764）	9月11日～18日	仲麻呂の乱
	10月9日	淳仁廃位
神護景雲二年（768）		

（網掛け）淳仁が保良京に滞在していた期間

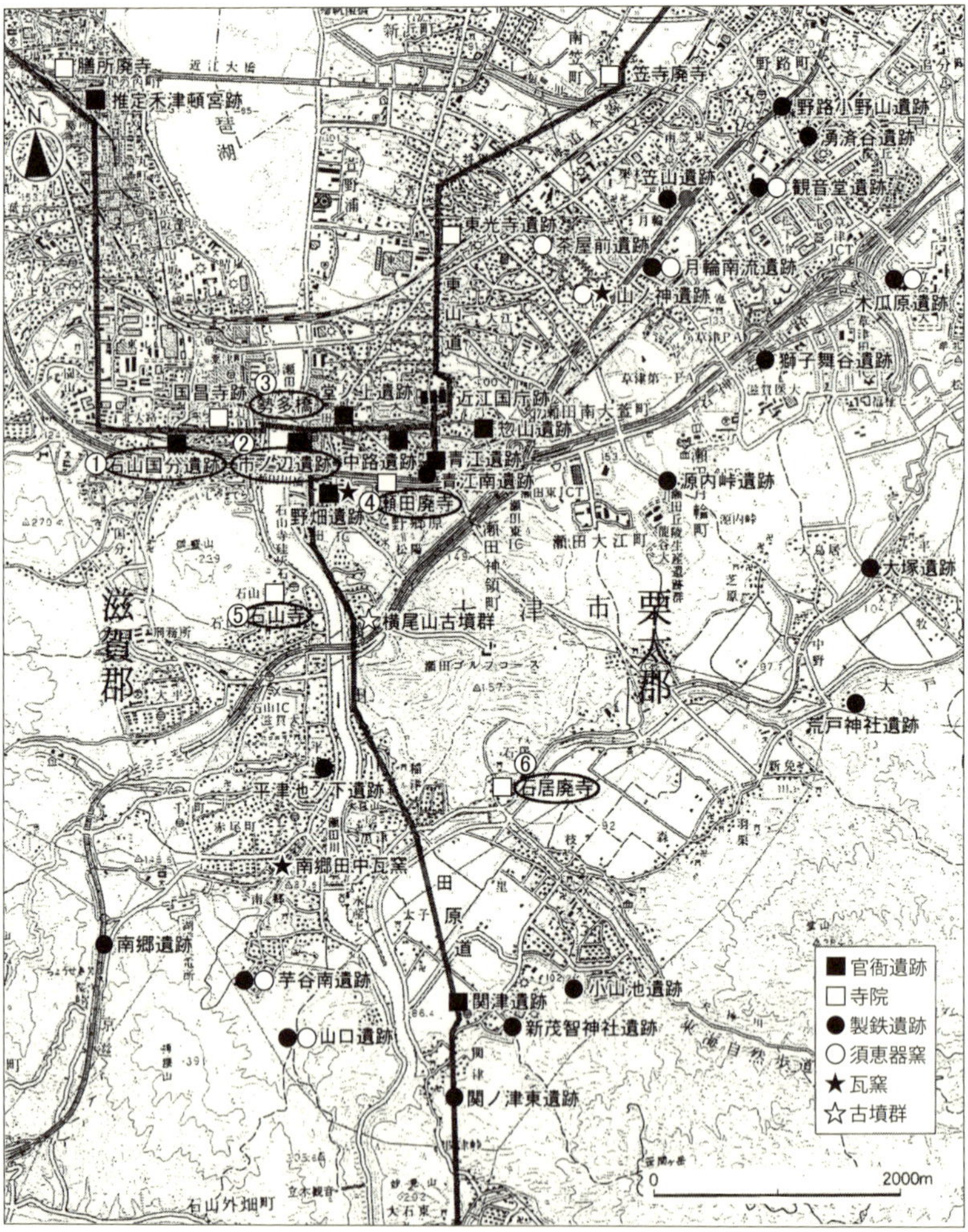

図7　保良京推定域（平井美典『藤原仲麻呂がつくった壮麗な国庁・近江国府』（新泉社、2010年）77頁、図49を一部改変）

①石山国分遺跡（保良宮推定地）　②市ノ辺遺跡（市推定地）　③勢多橋　④瀬田廃寺
⑤石山寺　⑥石居廃寺　⬭ 保良京主要関連遺跡

紀』天平宝字五年十一月己卯（二十八日）条の詔勅に「為レ改二作平城宮一、暫移而御二近江国保良宮一」「縁二時事由一、蹔移遊覧」とあることから、平城から保良に行幸したのは唐帝が長安より洛陽に遷るのと同様のことであり、保良京は陪都という見解を提示した。[4]福山敏男氏は、石山寺改築との関連から保良京の検討を行なっているが、その性格については滝川氏同様陪都とみており、[5]滝川氏以降の研究において保良京は陪都（副都）と捉えられてきた。[6]

九〇年代後半になると、政治史の観点から研究が進められ、佐藤文子氏は、天皇権獲得と新宮営造は密接に関連するものであることを指摘し、傍系皇嗣の淳仁が独立した天皇大権を発動するため、保良宮・京の造営という遷都計画があったと述べる。[7]また、梶原千恵氏は、保良宮（京）造営は仲麻呂独裁政権の総仕上げ的意味を持っており、そこへの遷都が、仲麻呂独裁政権の完成を意味していたと論じる。[8]佐藤・梶原両氏とも保良京へ遷都する動きがあったことは認めるが、保良京の性格については、佐藤氏は判断することを考察の射程外においており、[9]梶原氏は首都平城京に対する陪都と位置づけている。[10]そのため、依然として保良京を副都とする見解が通説を占めているのが現状である。

しかし近年、鷺森浩幸氏が、内裏から支給されるべき造石山院の要劇銭および作物衣・等第禄、金堂造営に関わる臨時の禄が保良宮から支給されていることから、保良宮は内裏の機能を持つ宮であり、行幸のような一時的な滞在先ではないと指摘している。[11]また、金田章裕氏は関津遺跡（大津市）の発掘調査成果をもとに、京域の復原研究を行なっている。[12]

ところが、藤原京、平城京、難波京、恭仁京、長岡京、平安京などの他都と比較検討をしたもの、すなわち都城史の視点から保良京を論じた研究はない。これは長年にわたり保良京が副都として捉えられてきたため、[13]首都であった藤原京から平安京までの都城の変遷研究において考察の対象外となっているからである。それゆえ、未だ都城史上における保良京の位置づけは明らかではなく、結果、平城京から長岡・平安京に至る八世紀後半の都の変遷についても明確ではない。

しかし、保良京では宅地班給が行われていることから、藤原京、平城京、難波京、恭仁京についで、日本で五番目に造られた条坊制を有した都であり、恭仁京建設以来、十六年ぶりに造営された都城である。これらの事実に鑑みれば、奈良時代後半の都城の変遷を研究するうえで、保良京を除外することはできない。

そこで本章では、まず副都説の根拠史料である天平宝字五年十月己卯条の詔勅の再検討を行い、ついで保良京に関する政策と藤原京から平安京までの遷都手続の比較検討を行うことで、保良京の性格を解明する。そして、それらの検証作業を踏まえて、これまで研究が手薄だった八世紀後半の都城史の変遷を解明し、日本古代の都城史上における保良京の位置づけおよびその史的意義を明らかにする。

なお以下、取りあげる史料は、とくに断らない限り『続日本紀』である。

第一節　天平宝字五年十月己卯条の詔勅の再検討

はじめに述べたように、従来の研究では淳仁が保良に移った後に出された天平宝字五年十月己卯条の詔勅に「為レ改二作平城宮一、暫移而御二近江国保良宮一」「縁二時事由一、蹔移遊覧」とあることから、淳仁が保良に移ったのは一時的な遊行であり、保良京は副都と考えられてきた(14)。そこで本節では、保良京の性格を再考するため、副都説の主要な論拠となっている天平宝字五年十月己卯条の詔勅を再検討する。

一　保良京への移動

天平宝字五年十月己卯（二十八日）条には、

[a]詔曰、為レ改二作平城宮一、暫移而御二近江国保良宮一。[b]是以、国司史生已上供レ事者、并造宮使藤原朝臣田麻呂等、加二賜位階一。郡司者賜レ物。免二当国百姓及左右京・大和・和泉・山背等国今年田租一。又自二天平宝字五年十月十六日昧爽一已前近江国雑犯死罪已下、咸悉赦除。授二正四位上藤原朝臣御楯従三位、従五位下藤原朝臣田麿・巨曾倍朝臣難波麻呂・中臣丸連張弓並従五位上、正六位上椋垣忌寸吉麻呂・葛井連根主並外従五位下一。[c]是日、勅曰、朕有レ所レ思、議レ造二北京一。[d]縁二時事由一、蹔移遊覧。[e]此土百姓頗労二差科一。仁恕之襟、何無二矜愍一。宜下割二近レ都両郡一、永為二畿県一、停レ庸輸上レ調。其数准レ京。

とあり、詔が、[a]平城宮の改作のために保良宮に移ったこと、[b]それにともなう国司や造宮使の加階・郡司への賜物、近江国などの百姓の当年の租の免除、同国の雑犯の大赦を行うことと典型的な行幸手続を述べたものであるのに対し、同日に出された勅は、[c]淳仁に思う所があって北京（保良京）を造ったこと、[d]「時の事由」と曖昧な記述で明確な理由を述べず、保良京に暫く移り遊覧すること、[e]その地の百姓が差科で頗る疲れているため、都に近い両郡（滋賀郡・栗太郡）を畿県とし、庸を停止して調を京に準じた数にすることが宣べられている。したがって、詔は保良宮（への行幸）、勅は保良京に関するものである。

[a]・[d]部分に「暫（蹔）移」[d]部分に「遊覧」とあるが、実際には淳仁が保良に移住したことにともない、上皇や貴族・官人や施設までもが平城京から保良京に移っている。そこで、淳仁が保良に移ったのは本当に一時的なものだったのかを、人々や施設の動きから検討する。

まず、上皇についてみていくと、宝亀三年（七七二）四月丁巳（七日）条の道鏡伝に

宝字五年、従レ幸二保良一、時侍二看病一、稍被二寵幸一。

とあり、天平宝字五年に孝謙が保良京に移っていることがわかる。したがって、淳仁が保良宮に移ったことにともない、孝謙も移住したと推察される。さらに、天平宝字六年五月辛丑（二十三日）条には

高野天皇与レ帝有レ隙。於レ是、車駕還二平城宮一。帝御二于中宮院一、高野天皇御二于法華寺一。

とあり、翌年五月に淳仁と不仲になったことで平城京へ戻ったことが記される。このことから、孝謙は天平宝字五年から六年五月まで保良京内で暮らしていたと考えられる。上皇が同行した行幸はあるが、管見の限りこのように数カ月にわたって滞在したものはない(15)。

加えて、淳仁は保良宮に移った五日後に、藤原御楯の第と藤原仲麻呂の第へ行幸している(16)。「安都雄足用銭注文」(17)には天平宝字五年十二月に東大寺領の近江高島山から杉榑二百材を「保良大師殿」すなわち仲麻呂の所に運ぶとあり、この頃仲麻呂が保良にいたことがわかる。このことから、淳仁が行幸した仲麻呂の第・御楯の第は保良京内のものと考えられる。また、詳しくは本章第二節で論じるが、天平宝字四年から五年にかけて、皇族・貴族・官人層に対し保良京へ移住するための銭や邸宅造営料の支給が行われている。したがって、淳仁が保良宮に移ったことにともない、貴族・官人も保良京に移住したと考えられる。

また、保良京へ移ったのは、貴族・官人だけではなかった。石山寺大改修が保良京造営と連動して行われたことは、すでに先学が指摘しているところであるが(18)、東大寺別当良弁が天平宝字五年にその職を辞して近江国石山務所を開き、何度も石山に赴いて直接大改修の指揮を執っていることから、東大寺側の石山寺への思い入れがうかがえる。

この時期の写経所の動向も、石山大般若経写経の時期（天平宝字六年正月〜十二月）に東大寺の写経所が活動した形跡がないこと、石山寺写経所の経師たちが石山寺写経所の設置前後に東大寺写経所で勤務していることから、通常

の東大寺写経所の写経活動が、そのまま石山寺に場所を移して行われたと考えられる。(19) さらに、天平宝字六年十二月に石山寺写経所から東大寺へ引き揚げた際、すぐに新たな写経所を新造している。(20) したがって、天平宝字五年に淳仁が保良宮に移ったことに合わせて、東大寺の写経所を閉鎖して、石山寺に写経所を移したと考えられる。

[a]部分にあるように平城宮の改作のために一時的に保良宮に移ったのであれば、上皇や貴族・官人までもが移り住み、かつ東大寺の写経所を閉鎖し、それを保良京内の石山寺に移す必要はない。むしろ、このような人々と施設の大規模な移動は、遷都の際にみえるものである。(21) このことから、天平宝字五年に淳仁が保良宮へ移ったのは、一時的な行幸とは考えがたい。

二　保良京と税制の改変

ついで、保良京の性格を考える上で注目すべき箇所である[e]部分をみていく。[e]部分には、

勅曰、（中略）宜㆘割㆓近㆑都両郡㆒、永為㆓畿県㆒、停㆑庸輸㆖㆑調。其数准㆑京。

と、保良京がある滋賀郡・栗太郡を永く畿県とし、庸を停止し調の数量を「京」に準じることを定めている。

このような都に対する税制の改変は、紫香楽宮でも確認できる。天平十五年（七四三）九月丁巳（二十一日）条では、

甲賀郡調庸、准㆓畿内㆒収之。又免㆓当年田租㆒。

と、紫香楽宮のある甲賀郡の調庸を「畿内に準じて」収めることを命じている。一見[e]部分に似ているが、保良京の場合は「永く」と恒久的に滋賀郡と栗太郡を「畿県」に設定した上で、庸を停止し、調の数を畿内ではなく「京」に準じて収めることを定めている。

先行研究では、e部分について滋賀郡・栗太郡を畿内とする措置と解し、仲麻呂の唐風好みにより「畿内」ではなく「畿県」と表現したと考える(22)。

しかし、唐の「畿県」とは、『唐六典』巻三戸部郎中員外郎条に「凡三都之県、在二城内一曰二京県一、城外曰二畿県一」、『旧唐書』巻四四職官志に「京兆・河南・太原所レ管諸県、謂二之畿県一」とみえるように、都が置かれた京兆・河南・太原府内の県のうち、城外の県のことである。したがって、唐と同じ畿県制度を用いたのであれば、保良京の性格が首都・副都にかかわらず、京が所在した滋賀郡・栗太郡が京県に、その他の近江国の郡が畿県となったはずである。しかし、実際に畿県になったのは、保良京が所在する滋賀郡と栗太郡である。また、唐には長安城近傍の諸州を京畿、洛陽城近傍の諸州を都畿とする畿内制も存在する(23)。つまり、畿県と畿内は同一のものではない。

加えて、日本の「京」は、首都のみにしかれた行政区域であり、行政体系上「国」に対応するものである(24)。京・畿内とも調は半免（賦役令1調絹絁条）、庸は全免（同4歳役条）であり、「畿県」が畿内であるならば、「畿県」に設定した上でその調の数量を「准レ京」と書く必要はない。むしろ、「畿県」ではなく紫香楽宮の時のように「准二畿内一」と書けばよい。

以上から、e部分は恒久的に滋賀・栗太郡を京戸と同じ税制とすることを定めたものといえる。このような政策は、副都である難波京が所在する東成郡・西成郡でもとられておらず、両郡の税制を「京」に准じさせたことは、保良京の性格を考えるうえできわめて大きな意味を持つ。

先行研究では、保良京の別称である「北京」（c部分）が唐の北都（太原城）からきたものと考え、保良京を副都と判断する根拠の一つとしてきた。しかし、唐の副都の北都からとったという明確な根拠はなく、別称を「北京」と称したのは、称徳朝の由義宮とその京域が当時の首都であった平城京の西方にあるため西京と称したのと同様、平城京の北北東に位置したためとも考えられる。

以上、淳仁が保良に移ったことにともない、上皇や貴族・官人までもが保良に移住し、東大寺の写経所を閉鎖し保良京内の石山寺に移していたことから、平城京から保良京へ大規模な人の移住と施設の移転が行われていたと考えられる。したがって、平城宮改作のために淳仁が一時的に保良京に移ったとは考えがたい。そのうえ、恒久的に保良京が所在する郡を「畿県」とし「京」に準じた税制の改変は副都である難波京でも行われていないことを踏まえると、保良京は首都となることが想定されていた可能性が考えられる。

そこで節を改め、藤原京から平安京までの各都と保良京の遷都手続の比較から、保良京の性格を考察する。

第二節　保良京に対する政策と遷都手続

藤原京から平安京までの遷都に関係する記事を分析していくと、順序は一定ではないが表2に示したごとく、

①使者を派遣し遷都予定地を視察[25]
②造宮・京官司の整備
③新宮・京域に住む百姓の移転とその補償[26]
④遷都のための銭の支給
⑤新京への東西市の移転
⑥宅地班給
⑦新京の邸宅造営料としての賜稲

表2　遷都手続の比較

	藤原京	平城京	恭仁京	難波京	甲賀宮（紫香楽宮）	平城京	保良京	西京	長岡京	平安京
①使者を派遣し遷都予定地を視察	○								○	○
②造宮・京官司の整備		○	○				○	○	○	○
③新宮・京域に住む百姓の移転と補償	○	○	○					○	○	○
④遷都のための銭支給			○				○			○
⑤新京への東西市の移転			○			○	△	△		○
⑥宅地班給	○		○				○			○
⑦新京の邸宅造営料としての賜稲							○		○	○
⑧遷都の奉幣	○	○	○			○			○	○

註：史料は六国史、『日本紀略』、『類聚国史』、正倉院文書を用いた。
①・②の難波京・平城京（遷都時）は、すでに宮城と京域があったため除外した。
△…⑦の保良京・西京の場合は市司の移転ではなく分置のため△とした。
▭…保良京への政策と共通する遷都手続

⑧遷都の奉幣[27]という遷都手続があることがわかる。そして、遷都の詔勅が出されて、はじめて遷都先の京が首都となった。

さて、これら遷都手続と保良京に対する政策を比較すると、保良京の場合、①③⑧に関する記事がみえないものの、②④⑥⑦が行われており、史料10に「市司」がみえることから⑤が行われた可能性も考えられる。

また、天平宝字五年十月壬戌（十一日）条に「遷㆓都保良㆒」という文言がみえる以上、保良京への遷都が企図されていたのかという問題を検討する必要がある。そこで、遷都手続と共通項がみられる保良京の政策についての史料を検討し、保良京の性格を解明していく。

一　造宮・京官司

まず、天平宝字三年十一月戊寅（十六日）条には、

遣二造宮輔従五位下中臣丸連張弓、越前員外介従五位下長野連君足一、造二保良宮一。六位已下官五人。

と、保良宮を造営するにあたって、造宮省の次官である中臣丸張弓を派遣させていることがみえる。

そして、天平宝字五年十月己卯条には「造宮使」として藤原田麿がみえ、淳仁が保良京へ移ったことにともない褒賞として加階されている。今泉隆雄氏は中臣丸張弓も同日条で加階されていることから、造宮の報奨者の一人であると考え、天平宝字三年十一月戊寅条を造宮使の任命記事と解する。(28)今泉氏の見解にしたがうならば、天平宝字五年十月己卯条の「造宮使」は保良宮の造営のために設置された造宮官司と考えられる。

長岡京・平安京の造都も造宮使が行なっている。(29)延暦三年（七八四）六月己酉（十日）条には、

以二中納言従三位藤原朝臣種継、（中略）外従五位下丹比宿禰真浄等一、為二造長岡宮使一。六位官八人。於レ是、経二始都城一、営二作宮殿一。

とあり、造宮使は宮城のみならず京域の造営も担っていた。保良京も長岡京・平安京と同じく条坊京域を有していること、そして造宮司の設置を示す史料がみえないことから、造保良宮使は宮だけでなく、京域の造営も行なったと推察される。

保良京以前の造都は、藤原京・平城京では京域の造営を行う造京司と宮の造営を担当する造宮官（省）があり、(30)宮

域と京域の造営は別々の官司が行なっていた。(31) 恭仁京では造京司は設置されず、造宮省が宮・京域の造営を担当していた。(32) だが保良京の場合は、これまでの造都とは異なり、造宮省から造宮使という臨時の官司が組織され、宮・京域の双方の造営が行われた。近年、十川陽一氏が造宮省は主（首）都の造宮のみを担当した官司であり、滝川氏以来の保良京は副都という見解にもとづき、保良宮の造営に造宮省は関わっていないと論じる。(33) しかし、第一節で検討したように保良京は首都となることが想定されていた可能性が高いこと、また造宮輔の中臣丸張弓が保良宮造営当初から関わっており、天平宝字五年には造宮使の藤原田麿とともに加階されていることから、造宮省から造保良宮使が編成されたと考えられる。(34) したがって、新宮・京域両方の造営を担った造保良宮使は、長岡京・平安京の造宮使に先立つ事例といえる。

また、紫香楽宮の場合は、天平十四年八月癸未（十一日）条に

詔曰、朕、将㆑行㆓幸近江国甲賀郡紫香楽村㆒。即以㆓造宮卿正四位下智努王、輔外従五位下高岡連河内等四人㆒、為㆓造離宮司㆒。

とあるように、造離宮司が組織され、当初離宮として造営された。

左にあげた史料1に「保良離宮」と記載されていることから、保良宮を離宮とする見解もある。(35)

史料1「甲斐国司解」(36)

甲斐国司解　申貢㆓上逃走仕丁替㆒事

坤宮官廝丁巨麻郡栗原郷漢人部千代 年卅二 左手於傷

右、同郷漢人部町代之替

以前、被㆓仁部省去九月卅日符㆒偁、逃走仕丁如㆑件。国宜㆘承知、更點㆓其替㆒、毎㆑司別㆑紙、保良離宮早速貢上㆖

者。謹依₂符旨₁、點₂定替丁₁、貢上如ㇾ件。仍録₂事狀₁、附₂都留郡散仕矢作部宮麻呂₁申上、謹解。
天平宝字五年十二月廿三日従七位上行目小治田朝臣朝集使
（後略）

史料1所引の仁部省符は、逃走した仕丁の代わりを「保良離宮」に貢上することを甲斐国に命じたものである。前述したように、保良宮は造営開始段階から造離宮司ではなく造宮使が組織されている。また、遷都に対する反対勢力をおさえるため、当初は名目的に離宮と称したとも推察される。このことから、保良宮は本来的には離宮として造られていなかったと考えられる。

また、わずか十年で廃絶になった長岡京には、長岡宮以外に嶋院などの複数の京内離宮が置かれ[37]、平城京でも京内離宮と考えられる遺構が見つかっていることから、平城京と長岡京の間に造られた保良京内にも離宮があったことは十分想定できる。したがって、史料1の「保良離宮」は、保良宮ではなく、保良京内に所在する離宮を指す可能性も考えられる。

二　遷都のための銭支給

淳仁が保良京に移る前年の天平宝字四年八月己卯（二十二日）条では、

賜₂新京諸大小寺、及僧綱・大尼・諸神主・百官主典已上新銭₁、各有ㇾ差。

と、「新京」の諸大小寺と僧綱・大尼・諸神主・百官主典以上に新銭を支給している。

この天平宝字四年八月己卯条に類似した銭支給は、恭仁京と平安京の遷都の際にも確認できる。天平十三年閏三月乙亥（二十五日）条では、

勅、賜二百官主典已上幷中衛・兵衛等銭一、各有レ差。

と、恭仁京遷都にともない百官主典以上と中衛・兵衛に銭を支給している。『類聚国史』巻七八、延暦十二年（七九三）六月丙寅（十九日）条でも、

賜二五位已上銭一有レ差。

と、平安京遷都にともない五位以上に銭を与えている。このように、遷都の際に銭を支給したのは、遷都にともない官人が新京に移住しなければならないためであると考えられる[38]。

また、天平宝字四年八月癸未（二十六日）条には、

施二新京高年僧尼曜蔵・延秀等卅四人絁・綿一。

と、「新京」の高年の僧尼三十四人に絁・綿を支給しており、『続日本紀』の天平宝字四年条には「新京」という語が二回みえる。

この二つの「新京」については、これまで同月十四日に当年の調庸を小治田宮に収納させて[39]、十八日に小治田宮に行幸していることから[40]、一時的ではあるが、小治田は京の様相を呈していたこと、「新京」の寺院に関する記載が造営中の保良宮よりも、飛鳥時代以来の寺院が存在している小治田宮を当てはめる方が自然とし、行幸先の小治田宮であると考えられてきた[41]。

しかし、保良京の京域と想定される場所にも、図7の④〜⑥にみえるように、造都以前から石山寺、瀬田廃寺[42]、白鳳期の瓦が出土している石居廃寺など複数の寺院が置かれている。

また、天平宝字四年条以外で『続日本紀』にみえる「新京」は左の八つがある（史料2〜9）。

史料2『続日本紀』文武四年（七〇〇）三月己未（十日）条

道照和尚物化。（中略）後遷二都平城一也、和尚弟及弟子等奏聞、徙二建禅院於新京一。今平城右京禅院是也。

史料3『続日本紀』和銅二年（七〇九）九月乙卯（二日）条

車駕巡二撫新京百姓一焉。

史料4『続日本紀』養老二年（七一八）九月甲寅（二十三日）条

遷二法興寺於新京一。

史料5『続日本紀』天平十三年正月癸巳（十一日）条

遣二使於伊勢大神宮及七道諸社一奉レ幣、以告下遷二新京一之状上也。

史料6『続日本紀』天平十四年二月庚辰（五日）条

詔、以二新京草創一、宮室未レ成。便令下右大弁紀朝臣飯麻呂等饗中金欽英等於大宰上、自レ彼放還。

史料7『続日本紀』天平十七年正月己未朔条

廃レ朝。乍遷二新京一。伐レ山開レ地、以造二宮室一。垣墻未レ成、繞以二帷帳一。

史料8『続日本紀』延暦三年六月壬戌（二十三日）条

有レ勅、為レ造二新京之宅一、以二諸国正税六十八万束一、賜二右大臣以下参議已上、及内親王・夫人・尚侍等一。各有レ差。

史料9『続日本紀』延暦三年六月丁卯（二十八日）条

百姓私宅入二新京宮内一五十七町、以二当国税四万三千餘束一、賜二其主一。

この史料2から9までの「新京」という語を検討すると、史料2の「新京」は平城京（遷都後）、史料3は平城京（遷都前）、史料4は平城京（遷都後）、史料5は恭仁京（遷都後）、史料6は恭仁京（遷都後）、史料7は甲賀の都、史料8は長岡京（遷都前）、史料9は長岡京（遷都前）を指している。史料7の場合は、大仏発願の詔を受けた甲賀寺と甲賀宮からなる新たな仏の都という意味で「新京」という語を用いたと考えられる。したがって、『続日本紀』にみえる「新京」は基本的に遷都前後の首都を指すものであり、行幸先の離宮には使わない。

福山氏は、小治田宮に行幸したのは、平城京の解体作業が急速であり、かつ保良宮の造営が進捗せず、暫定的に南方の飛鳥に移ったためであると述べる(43)。

これらのことから、淳仁が一時的に滞在した小治田を積極的に「新京」と解する蓋然性はない。したがって、天平宝字四年にみえる二つの「新京」は、小治田宮ではなく、造営中の保良京と解せる。

以上から、天平宝字四年八月己卯条も「新京」である保良京域の大小の寺、僧綱・大尼・神主、そして恭仁・平安京遷都時と同様に百官の主典已上に銭を与えたと解され、実務官人層を保良京に移住させようとしたと推察される。また、恭仁京・平安京の遷都で行われていた遷都のための銭支給が保良京においても行われていたことは、八世紀前半と後半の遷都手続に連続性があったことを裏づける。

三　保良京と市司

天平十三年八月丙午（二十八日）条には、

遷二平城二市於恭仁京一

と、恭仁京に遷都するにあたり、平城京にある東西市を恭仁京に移していることがみえる。天平十七年五月丁卯（十日）条では、

是日、恭仁京市人徙二於平城一

とあり、平城京還都により、今度は恭仁京の市人が平城京に移っている。そして、『日本紀略』延暦十三年七月辛未朔

条に

遷㆓東西市於新京㆒。且造㆓廛舎㆒、且遷㆓市人㆒。

とあるように、平安京に遷都をする際にも、長岡京の東西市を平安京に移し、廛舎を造り、市人を移している。したがって、遷都の際には、東西市だけでなく、そこで商業活動を行う市人を含めた東西市というシステムすべてを新京に移していた。このことから、首都の経済を支える東西市を新京へ移すことは遷都手続の一つであることがわかる。平城京から保良京に東西市を移した史料はないが、史料10から保良京内に市司が設置されていた可能性がある。

史料10「造東大寺司符(44)」

司符　庄領猪名部枚虫・阿刀乙万呂等

石山院物盗々人所㆔縛可㆓勘問㆒事

右、得㆓彼院三綱状㆒云、以㆓今月十九日㆒、件院収置造寺料物所㆑盗々人縛。此外令㆑勘㆓問疑諸人㆒者、宜㆘承㆓知此状㆒、早速院家参向、勘㆗問件盗人㆖。随㆓所㆑盗物㆒令㆑出耳之。若国府及市司等可㆘用㆓於状㆒申遣㆖耳。仍差㆓雇夫建部浄万呂㆒充㆑使、発遣如㆑件。今具㆓事状㆒、故符。

主典安都宿禰

六年潤十二月廿三日

史料10は、造東大寺司から近江国勢多庄領に対して、造石山院所の造寺料物を盗んだ盗人の勘問を命じた文書である。そのなかで、盗品が市に出回ることも考慮して、国府と「市司」にも協力を求めている。

栄原永遠男氏は、史料10にみえる「国府及市司」の国府とは近江国府を、市司は近江国管轄下の市司を指すと解し、市は国府が管理した国府市と捉える(45)。

しかし、宮川麻紀氏は、職員令・関市令ともに地方の官設市に関する規定を削除していることから、日本では「京」のみに官設市を設置したと指摘する(46)。これを裏づけるように、出土文字資料も「市司」と記された木簡は平城宮・京跡でしか検出されておらず、墨書土器も「市司」と明記されたものは現段階では見つかっていない。したがって、首都以外に市司は置かれることはなく、副都であった難波京ですら設置されていなかった。

ところが、奈良時代に平城京・恭仁京以外で市司が置かれていた事例が史料10以外にもう一つある。

史料11『続日本紀』宝亀元年（七七〇）三月癸酉（十日）条

以二従五位下山口忌寸沙弥麿・西市員外令史正八位下民使毗登日理一権任二会賀市司一。

これは、西京の会賀市を管理させるため山口沙弥麿と西市司の官人毗登日理を「市司」に任命したものである。この前年十月に称徳は由義宮を西京、河内国を河内職とし、同年二月から三月まで西京に滞在しており、会賀市司の任命はこの間に行われた。中村修也氏は、宮都の遷移には市の設営が重要なファクターであることから、史料11を西京への遷都を意中に秘めた準備処置と捉える(47)。

また、史料10の市は、内容から勢多庄や石山寺付近にあったと考えられる。そして、「造石山院所解案(48)」内の天平宝字六年七月二日の造石山寺所から造東大寺司宛の解には、造石山院案主下道主が、「此市」では釘に塗るための漆を買えないので、造東大寺司の方で買ってほしい、そのために墨縄の代金と合わせて百文を進上するとある。この解では、造石山院の案主が「此市」で購入できない旨を申していることから、「此市」は造石山寺所周辺の周辺にあり(49)、史料10の市と同一のものと推察される。加えて、勢多橋の東詰には市ノ辺という小字がみえることからも、このあたりに市が開かれていたことが想定できる（図7-②）。この場所は、保良宮推定地（図7-①）にも近いことから、保良京と関わりがあったと考えられる。したがって、史料10の「市司」は、保良京内の市に置かれた市司と解される。

ただし、「造石山院所解案」では造石山寺所から造東大寺司に平城で漆を買ってほしい旨を申上していることから、この時期平城京内において東西市が機能していたことがうかがえる。したがって、西京の会賀市に先立って保良京にも「京」にしか設置されない市司がはじめて分置されたと推察される。

四　宅地班給

保良京では、天平宝字五年正月丁未（二十一日）条に

使下司門衛督正五位上粟田朝臣奈勢麻呂、礼部少輔従五位下藤原朝臣田麻呂等、六位已下官七人、於二保良京一、班中給諸司史生已上宅地上。

とあるように、在京諸司の史生以上を対象に宅地班給を行なっている。

史料12『日本書紀』持統五年（六九一）十二月乙巳（八日）条

詔曰、賜二右大臣一宅地四町・直広弐以上二町・大参以下一町一。勤以下至二無位一、随二其戸口一、其上戸一町・中戸半町・下戸四分之一。王等亦准レ此。

史料13『続日本紀』天平六年九月辛未（十三日）条

班二給難波京宅地一。三位以上一町以下、五位以上半町以下、六位以下四二分一町一之一以下。

史料14『続日本紀』天平十三年九月己未（十二日）条

遣二木工頭正四位下智努王・民部卿従四位下藤原朝臣仲麻呂・散位外従五位下高岳連河内・主税頭外従五位下文忌寸黒麻呂四人一、班二給京都百姓宅地一。

史料15『日本紀略』延暦十二年九月戊寅（二日）条

遣下菅野真道・藤原葛麿等一、班中給新京宅地上。

保良京以外の宅地班給記事は、史料12の新益京（藤原京）、史料13の聖武朝の難波京、史料14の恭仁京、史料15の平安京の四例がある。宅地班給の対象は、新益京（藤原京）では王から無位、難波京では有位者、恭仁京では京都百姓、平安京は記されていないため不明である。

宅地班給は史料13のように副都でも行われており、宅地班給記事だけでは、保良京の性格を判断することはできない。また、恭仁京のように京都百姓、すなわち官人ではない一般京戸に対して宅地班給を行なったのかも不明である。しかし、先述したように、天平宝字四年の百官主典以上への銭支給が、保良京に移るためのものと解せば、この宅地班給もそれと連動するものとみなせる。

五　新京の邸宅造営料としての賜稲

天平宝字五年十月壬戌（十一日）条には、

又賜二大師稲一百万束一。二品船親王・池田親王、各十万束。正三位石川朝臣年足・文室真人浄三、各四万束。二品井上内親王、十万束。四品飛鳥田内親王・正三位県犬養夫人・粟田王・陽侯王、各四万束。以レ遷二都保良一也。

とあり、藤原仲麻呂をはじめとする政権の中枢の人間と船親王・池田親王など淳仁の兄弟を中心に保良京遷都のための賜稲が行われた。

滝川氏は、保良京に天皇・上皇が遷ったのは、唐帝が長安から洛陽に移動したのと同様のことであり、十月壬戌条の「以レ遷二都保良一」とあるのは誤りだと述べる[50]。

しかし、天平宝字五年壬戌条と類似した賜稲記事は、長岡京・平安京遷都の際にもみえる。延暦三年六月壬戌（二十三日）条では、

有レ勅、為レ造二新京之宅一、以二諸国正税六十八万束一、賜二右大臣以下参議已上、及内親王・夫人・尚侍等一。各有レ差。

と、新京である長岡京の造宅のために右大臣から参議まで、そして内親王・夫人・尚侍などに賜稲を行なっている。『類聚国史』巻七八、延暦十三年七月己卯（九日）条にも、

以二山背・河内・摂津・播磨等国稲一万一千束一、賜二従三位百済王明信、従四位上五百井女王、従五位上置始女王、従四位上和気朝臣広虫・因幡国造清成女等十五人一。為レ作二新京家一也。

とあり、遷都先である平安京の造宅のために賜稲を行なっている。

右の延暦の賜稲が二例とも新京の邸宅造営料であることを踏まえると、天平宝字五年十月壬戌条の賜稲の目的である「以レ遷二都保良一」とは、新京、すなわち保良京の邸宅造営料と解せる。また、京域空間が成立した孝徳朝[51]以降の六国史にみえる「遷都」という語はすべて首都の移動を指している[52]。このことから、「以レ遷二都保良一」は、淳仁朝において保良遷都が進められていたことを示したものといえる。

さらに、長岡京・平安京では諸国の正税から新京の邸宅造営料が出ている。天平宝字五年十月壬戌条をみると、保良京の邸宅造営料の総数は長岡京・平安京をはるかに上回る百五十四万束にもなる。このことから、保良京の邸宅造営料も諸国の正税で賄われたと推測できる。したがって、長岡京に先立って保良京の段階から、本来は諸国の財源である租が遷都政策の出費に用いられていたと考えられる。

以上、保良京の政策と、②造宮・京官司の整備、④遷都のための銭の支給、⑤新京への東西市の移転、⑥宅地班給、

⑦新京の邸宅造営料としての賜稲の記事の検討から、淳仁朝において、保良京への遷都が企図されていたと判断される（丸数字は71頁の記述に準じる）。

紫香楽宮のように途中で性格が変化したという反論も予想されるが、筆者は、保良京は造営計画の段階から首都になることが想定されていたと考える。なぜなら、遷都となれば貴族・官人・京戸を移住させ、中央政府もすべて新京に移さなければならないからである。さらに、それにともなう施設の造営や宅地班給などのために条坊制の京域の整備も行う必要がある。このような造都は短期間で完成するものではなく、天平宝字五年に宅地班給が行われたことを踏まえると、同三年の造宮の開始とともに京域の造営も始まったと想定される。したがって、当初から綿密な遷都計画が組まれ、新京の建設が進められたと考えるのが自然であろう。
また、遷都政策の比較から、保良京では、④遷都のための銭の支給、⑥宅地班給など藤原京・平城京・恭仁京など前時代から続く政策が見える一方で、②造宮使の設置、⑤市司の分置、⑦新京の邸宅造営料としての賜稲など西京・長岡京・平安京などの後の時代の遷都手続の先例となる政策がはじめてとられていた。

加えて、天平宝字六年三月甲辰（二十五日）条に

保良宮諸殿及屋垣、分二配諸国一、一時就レ功。

と、保良宮の諸殿と屋垣の造営を諸国に分担させているが、延暦十年九月甲戌（十六日）条でも

仰二越前・丹波・但馬・播磨・美作・備前・阿波・伊豫等国一、壊二運平城宮諸門一、以移二作長岡宮一矣。

とみえ、諸国に平城宮の門を解体させ、それを長岡宮に移築させている。平安宮でも『日本紀略』延暦十二年六月庚午（二十三日）条に

令三諸国造二新宮諸門一。

とあり、諸国に平安宮の門を造営させており、長岡・平安宮の造営も諸国に行わせていた[53]。したがって、保良宮の造宮を諸国に分担させたことも長岡宮や平安宮の造営に先立つ事例であるといえる。

このように、保良京から造宮使の設置、市司の分置、新京の邸宅造営料としての賜稲、諸国への新宮造営の負担という新たな政策が生まれ、長岡京・平安京の造営および遷都政策に受け継がれていった。したがって、日本古代の都城史において保良京は奈良時代後半から平安時代の造都の画期をなす都であり、八世紀後半以降の都城の先例となったといえる。

むすび——都城史上における保良京の意義——

本章では、保良京の性格を再検討し、日本古代の都城史上における保良京の位置づけとその史的意義を明らかにすることを試みた。

まず、第一節では、先行研究で保良京を副都とする根拠史料である天平宝字五年十月己卯条の詔勅の再検討を行なった。そして、上皇や貴族・官人層が平城京から保良京へ移住し、東大寺の写経所までをも保良京内の石山寺に移していたことから、当初の予定では淳仁が保良宮に移ったのは一時的なものではなかったことを述べた。さらに、副都である難波京でさえ行われていない恒久的に保良京のある郡を「畿県」とし「京」に準じる税制の改変が行われたことから、保良京は首都となることが想定されていた可能性があることを指摘した。

それを踏まえて、第二節では、保良京に関する政策と藤原京から平安京までの遷都手続の比較検討を行うことで、保良京が従来考えられてきた副都ではなく、淳仁朝の新たな都すなわち首都となるために造られた都であったことを述べた。

その造営目的は、佐藤文子氏が指摘するように、傍系であった淳仁が独自の天皇権を獲得するためであった[54]。それゆえ、恭仁京以来約十五年ぶりに都城が造られた。天平宝字五年には淳仁・孝謙、仲麻呂をはじめとする貴族や官人等も保良京に移住し、このまま順当に推移すれば長岡京のように数年後には遷都の詔勅が出され、名実とも首都となったと推察される。

ところが、天平宝字六年に淳仁と孝謙に不和が生じたことで平城京に戻り、対立が深刻化し、天平宝字八年の仲麻呂の乱により、淳仁は廃位となり配流された。これにより、保良京はついに遷都することなく解体された。ただし、保良京では、造宮使の設置、市司の分置、新京の邸宅造営料としての賜稲、諸国への新宮造営の負担、という新たな政策がとられた。これにより、別々の官司が行なっていた宮・京の建設を臨時に設置した造宮使に担当させる、宮京一体型の造営が行われるようになった。そして、新京の邸宅造営料に正税を用い、かつ新宮の造営を諸国に行わせたことから、従来中央のみで推進されていた遷都政策の出費と負担を諸国にも求めるように変化した。まさに八世紀後半の諸国請負による造都の萌芽となる革新的な内容であったといえる。これらは遷都政策に大きな転換をもたらし、西京・長岡京・平安京へと引き継がれた。したがって、保良京は長岡京や平安京における造営・遷都政策の先蹤となった都であり、日本古代の都城史上、奈良時代後半以降の都城への画期となった。これこそ保良京の史的意義といえる。

註

（1）『続日本紀』天平宝字六年（七六二）五月辛丑条。

（2）『西大寺資材流記帳』下巻（西大寺所蔵本　西大寺文書一〇一函六・『寧楽遺文』中巻四一一―四一三頁）。
（3）福山敏男「石山寺・保良宮と良弁」（『寺院建築の研究』中巻、中央公論美術出版、一九八二年、初出一九六七年）二〇一頁。
（4）滝川政次郎「保良京考」（『京制並に都城制の研究』角川書店、一九六七年、初出一九五五年）三五七頁。
（5）前掲註（3）福山敏男「石山寺・保良宮と良弁」。
（6）岸俊男「保良宮と由義宮」（『日本の古代宮都』岩波書店、一九九三年）、林博通「保良宮小考」（還暦記念論集刊行世話人会編『考古学と文化史　安井良三博士還暦記念論集』一九九四年）、栄原永遠男「紫香楽宮とその時代（付木津頓宮、保良宮）」（大津市歴史博物館編『近江・大津になぜ都は営まれたのか―大津宮・紫香楽宮・保良宮―』サンライズ出版、二〇〇四年）。
（7）佐藤文子「淳仁朝の造営計画―宮の新造と天皇権獲得の原理―」（『史窓』五三号、一九九六年）。
（8）梶原千恵「保良宮と藤原仲麻呂政権―関係史料の検討―」（『福岡大学大学院論集』三〇―一、一九九九年）。
（9）前掲註（7）佐藤文子「淳仁朝の造営計画―宮の新造と天皇権獲得の原理―」七八頁。
（10）前掲註（8）梶原千恵「保良宮と藤原仲麻呂政権―関係史料の検討―」三八二頁。
（11）鷺森浩幸「造石山寺所の給付体系と保良宮」（『正倉院文書研究』一二巻、吉川弘文館、二〇一二年）。
（12）金田章裕「関津遺跡（大津市）検出の道路遺構―保良京への一視角」（『古代・中世遺跡と歴史地理学』吉川弘文館、二〇一一年、初出二〇〇七年）。
（13）首都という語は、近代都市や近代国家の概念によるものだが、平城遷都の詔に「帝皇之邑」「京師者、百官之府」とみえることから、日本古代において天皇の居住する大宮と中央政府が置かれた一国の中心となる都を首都と定義する。
（14）前掲註（4）滝川政次郎「保良京考」、前掲註（3）福山敏男「石山寺・保良宮と良弁」、前掲註（6）岸俊男「保良宮と由義宮」、前掲註（6）林博通「保良宮小考」、前掲註（6）栄原永遠男「紫香楽宮とその時代（付木津頓宮、保良宮）」。
（15）大宝元年（七〇一）九月十八日に、持統上皇と文武天皇はともに紀伊に行幸しているが（『続日本紀』大宝元年九月丁亥条、『万葉集』巻一―五四首題詞・巻九―一六六七首題詞）、約一カ月で藤原宮に戻っている（『続日本紀』大宝元年十月戊午条）。
（16）『続日本紀』天平宝字五年十月庚午条。

(17)『大日本古文書』一六―57〜58。

(18)前掲註（3）福山敏男「石山寺・保良宮と良弁」。

(19)山下有美「写経機構の変遷」（『正倉院文書と写経所の研究』吉川弘文館、一九九九年、初出一九九四・一九九五年）一一七頁。

(20)「奉写灌頂経所食口案」の天平宝字六年十二月二十四日から閏十二月三日の間食口（副次的な食口）の内訳のなかに、板屋作（屋作）・屋蔀と注記されている木工や雇夫が認められる。この板屋は、食口案の閏十二月七日条から現れる「経所」のことであり、借食口の最後に当たる十二月二十一日に食口を受けた雇夫数が一挙に十人も増えている点に注目すれば、この日に板屋（経所）の造作が開始されたと考えられる（山本幸男「御願経書写の全体像」（『写経所文書の基礎的研究』吉川弘文館、二〇〇二年）四九八―四九九頁。

(21)例えば、天平十三年（七四一）閏三月乙丑条では、恭仁京遷都にともない五位以上の者に対して平城京に住むことを禁じ、恭仁京へ移住するよう詔を出し、天平十七年五月戊辰条では、平城還都にともない諸司百官が平城宮曹司に帰っていることから、移住した官人達が平城京に戻ったことがうかがえる。したがって、遷都により官人も移住を強制された。

(22)前掲註（4）滝川政次郎「保良京考」一七頁、北村優季「条坊の論理」（『平城京成立史論』吉川弘文館、二〇一三年、初出一九九三年）一八九頁、金田章裕「付　古代近江と宮都・国府」（『古代・中世遺跡と歴史地理学』吉川弘文館、二〇一一年）六五頁。

(23)『唐会要』巻七〇量戸口定州県等第例「至㆓開元十八年三月十七日㆒、勅（中略）及畿内州、並同㆓上州㆒」『新唐書』巻四九百官志「（開元）十七年、復㆓置十道・京都・両畿按察使㆒」。

(24)岸俊男「日本における「京」の成立」（『日本古代宮都の研究』岩波書店、一九八八年、初出一九八二年）四四五―四四六頁。

(25)『日本書紀』天武十一年（六八二）三月甲午朔条、『続日本紀』延暦三年（七八四）五月丙戌条、『日本紀略』延暦十二年正月甲午条。

(26)『続日本紀』慶雲元年（七〇四）十一月壬寅条、和銅元年（七〇八）十一月乙丑条、同二年十月庚戌条、天平十四年正月壬戊条、宝亀元年（七七〇）正月乙亥条、延暦三年六月丁卯条、『日本紀略』延暦十二年三月乙酉条。
(27)『類聚国史』巻三、持統六年（六九二）五月庚寅条、『続日本紀』天平十三年正月癸巳条、延暦三年六月壬子条、『日本紀略』延暦十二年二月辛亥条、同年三月戊子条、同十三年九月戊戌条。
(28) 今泉隆雄「八世紀造宮官司考」（『古代宮都の研究』吉川弘文館、一九九三年、初出一九八三年）三〇四―三〇五頁。
(29)『続日本紀』延暦八年三月癸卯朔条、『日本紀略』延暦十二年七月辛丑条、『類聚国史』巻七八、延暦十三年十月甲子条、『日本紀略』延暦十四年五月己卯条。
(30) 造宮省は、藤原宮造営段階では造宮官であり、大宝元年に造宮職に昇格し、さらに平城宮造営にあたり省に昇格した。
(31)『続日本紀』和銅元年三月丙午条、同年九月戊子条。
(32) 同、天平十三年九月乙卯条。
(33) 十川陽一「八世紀の宮都造営―唐制との比較を通じて―」（『日本古代国家と造営事業』吉川弘文館、二〇一三年、初出二〇〇六年）二八―二九頁。
(34) 前掲註(28)今泉隆雄「八世紀造宮官司考」三三六頁。
(35) 前掲註(3)福山敏男「石山寺・保良宮と良弁」一九二頁。
(36)『大日本古文書』四―523～524。
(37) 國下多美樹「宅地利用と京内離宮」（『長岡京の歴史考古研究』吉川弘文館、二〇一三年、初出二〇〇七・二〇一一年）。
(38) 前掲註(21)参照。
(39)『続日本紀』天平宝字四年八月辛未条。
(40) 同、天平宝字四年八月乙亥条。
(41) 新古典文学大系『続日本紀』三巻（岩波書店、一九九二年）三六三頁、前掲註(8)梶原千恵「保良宮と藤原仲麻呂政権―関係史料の検討―」三七五頁。
(42) 飛雲文瓦をはじめ、国庁所用軒丸と同笵の軒丸瓦が出土しており、創建年代は八世紀中葉から後半とみられる。

(43) 前掲註（3）福山敏男「石山寺・保良宮と良弁」一九二頁。
(44)『大日本古文書』五―333～334。
(45) 栄原永遠男「奈良時代の流通経済」（『奈良時代流通経済史の研究』塙書房、一九九五年、初出一九七二年）二八頁。
(46) 宮川麻紀「律令国家の市支配」（『ヒストリア』二二四号、二〇一一年）五頁。
(47) 中村修也「奈良時代の市司就任氏族」（『日本古代商業史の研究』思文閣出版、二〇〇五年、初出一九八七年）一三一―一三二頁。
(48)『大日本古文書』一五―219～220。
(49) 栄原永遠男「石山寺増改築工事の財政と銭貨」（『金融研究』二〇〇五年）八六頁。
(50) 前掲註（4）滝川政次郎「保良京考」三五七頁。
(51) 第Ｉ部第二章。
(52)『日本書紀』大化元年（六四五）十二月乙未朔癸卯条、同二年二月甲午朔戊申条、白雉五年（六五四）十二月壬寅朔己酉条、天智六年（六六七）三月辛酉朔己卯条、『続日本紀』慶雲四年二月戊子条、和銅元年二月戊寅条、同二年十月庚戌条、同三年三月辛酉条、天平十二年十二月戊午条、同十三年九月辛亥条、天平宝字五年十月壬戌条、延暦三年五月丙戌条、同年六月壬子条、同年十一月丁巳条、同四年九月丙辰条、同六年十月丁亥条、『日本紀略』延暦十二年正月甲午条、同年二月辛亥条、同年三月戊子条、同十三年十月丁卯条、『類聚国史』巻一九、延暦十四年二月甲子条、『日本後紀』延暦十五年九月己丑朔条、大同四年（八〇九）四月戊寅条、弘仁元年（八一〇）九月癸卯条、同年九月丁未条。
(53) このほか『日本後紀』延暦十六年三月癸卯条、同十八年十二月丁丑条でも同様の事例がみえる。
(54) 前掲註（7）佐藤文子「淳仁朝の造営計画―宮の新造と天皇権獲得の原理―」七五頁。

第Ⅱ部　都城の支配構造と特質

第四章　坊令の成立

坊令とは、日本古代において京職に属し京域内の行政を担当した下級官人である。四坊ごとに一人置かれ、戸口の検校、奸非の督察、賦徭の催駆を掌ることが令に規定されている[1]。その一方で、坊令の職掌や任用が職員令や選叙令ではなく、戸令に規定されているため、坊令の地位は不明瞭である[2]。

ただし、『続日本紀』神亀三年（七二六）九月丁丑（二日）条に「令下京官史生及坊令、始着二朝服一把上レ笏」とあり、神亀三年まで坊令は朝服と把笏を許されなかったこと、また、延暦十七年（七九八）の坊令に対する一連の政策[3]により、坊令は職事官となり職分田を与えられ、かつ選叙も長上官扱いとなったことから、延暦十七年以前の坊令は職事官でなく雑任であったと考えられる。また、令集解の諸説の多くが雑任と位置づけている[4]こともこれを裏づけよう。よって、坊令の初期形態は、雑任の番上官であり、選叙や考課、給与はこの身分に准じた扱いであったと推察[5]される。

そして、その任用は正八位上から少初位下の位階をもつ者、かつ該当の坊またはその隣坊に本貫がある者、そして、明廉強直で職務に堪えられる者という三つの条件を備えた者の中から選ばれた[6]。しかし、天平五年（七三三）の「右京計帳[7]」にみえる右京八条の坊令「上村主石弓」は従七位であり戸令の規定とは異なっている。このように、律令制施行の初期段階から条文と実態は異なっていた。

また、坊令は日本独自の官だが、その成立時期や創出要因についての研究は、現在まで全く行われていない。[8] しかし、坊令の成立を研究することは、行政組織「京」の形成時期を知る一つの大きな手がかりとなるはずであり、ひいては、「京」の特質を解明することにつながる。

そこで、本章では、坊令の成立初期、すなわち延暦十七年以前のその実態を解明し、坊令の成立時期と要因を明らかにする。

第一節　奈良時代の坊令の実態

坊令の職掌は、養老戸令3置坊長条に「凡京、毎レ坊置二長一人一、四坊置二令一人一。掌、検二校戸口一、督二察奸非一、催二駈賦徭一」と規定されている。しかし、これは坊長と同一の職掌であり、具体的にどのような職務を行なっていたのかは明らかではない。そこで、まず戸令に規定されている「検校戸口」「督察奸非」「催駈賦徭」の職掌ごとに実態を検討する。さらに、戸令の規定以外の活動も考察し、令制初期の坊令の実態を解明する。

一　検校戸口

まず、「検校戸口」とは、部内の戸口を把握することであり、右京三条三坊と右京八条一坊の手実の残巻からなる「右京計帳」[9]が実例としてある。右京三条三坊の手実には坊令の署名が六例あり、文進者がすべて記すもの（出庭徳麻呂手実）、年月日を含めて「坊令大初位下尾張連牛養」とおそらく坊令自身が自署したとみられるもの（秦小牧床戸手実・

三上部麻呂戸手実）、手実の筆者がすべて書いたのかもしれないが坊令が名前だけ後に自署したのではないかと疑われるもの（於伊美吉子首戸手実・物部連族五百戸手実）などが確認される。一方、右京八条一坊の手実には坊令の署名が一例のみあり、坊令が自署だけして、他は文進者の八多朝臣牛養が本文とともに書いたと推察されている（八多朝臣虫麻呂手実）(10)。

このことから、提出された各手実について、坊令がその署名の部分や全体的な修正を加えたと考えられ(11)、坊令は計帳の作成に関わっていたといえる。加えて、計帳の追記の様式が右京三条三坊と八条一坊で異なることから、計帳は坊令のもとで坊ごとに成巻されたと考えられる(12)。また、この計帳の実例の検討から、部内の戸籍も同様に坊令が作成に関わっていたと推察される。

その他にも坊令の部内の戸口の検校と関連すると考えられる史料がある。

史料1『平城宮発掘調査出土木簡概報』二四―六下（一五）　330・35・6　011

・右京七条二坊戸主勲十二等台忌寸千嶋之戸口千人年十六

・右人所盗依豎子放依状注坊令等宣令知　八年十月廿九日

まず、史料1は、右京七条二坊戸主台千嶋の戸口である台千人が、盗みにより豎子をやめさせられたことを状に記し坊令に知らせるという内容の木簡である。伝達先の「坊令」は表面に「右京七条」とあることから右京七条令(13)と考えられる。つまり、坊令は部内の戸口の報告状を受けていた。また、史料1は平城京二条大路の東西溝から出土しており(14)、記載されている「八年」とは伴出した木簡の年紀から天平八年と解される(15)。当時の京職大夫は藤原麻呂であり、その邸宅は二条大路に面する左京二条二坊五坪と想定されることから、京職が、千人が豎子をやめさせられた旨の状を坊令に送ったと推察される。このように、坊令に戸口が解任された旨を伝えたのは、坊令が常に部内の戸口を把握する義務を負っていたからだろう。

史料2「大原真人櫛上奴婢売買券[16]」

一条令解　申売買奴婢立券事
婢黒女年参拾参歳
婢積女年捌歳
婢真積女歳伍歳
奴積麻呂歳肆歳
　部内三坊戸主正七位下大原真人今城戸口大原真人櫛上之奴婢
右、得二櫛上申状一云、上件奴婢、以二銭弐拾貫一充二価値一、売二遷東大寺一已訖。望請、依レ式欲二立券一者、令問二虚実一、方知二実状一、仍勤二証人並三綱名一、申送如レ件、謹以解。
天平廿年十月廿一日賤主大原真人櫛上
証兵部省少丞正七位下大原真人今城

史料2は、一条三坊を本貫とする大原真人が奴婢の売買を一条令に申請し、坊令が虚実を調査したうえで京職に提出する解を作成した奴婢売買券である。このように、坊令は部内の奴婢を含めた戸口を把握していた。したがって、坊令は何らかの台帳を有していたと推察される。

ところが、現存唯一の「京」の計帳である「右京計帳」は、戸主が提出した手実をそのまま張り合わせ右京職に提出している。また、戸令19造戸籍条でも行政体系上四坊に対応する郡が戸籍の案を保有することは規定されていない。

しかし、同条の集解所引古記に「問、国郡亦注二帳籍一、未レ知。於レ郡在レ籍文不レ見、若為。答、必有二籍帳之案一。雖レ不レ載レ文、必有二献案一。更不レ合レ疑」とあり、少なくとも古記が成立した天平十年ごろには郡は戸籍の案を保管していたことがうかがえる。このことから、郡に対応する四坊の管理者である坊令も天平段階には戸籍の案を保有していたと推察される。また、史料2のような部内の奴婢の移動も計帳もしくは戸籍の案に追記したと考えられることから、坊令が計帳もしくは戸籍の案を保有していたと想定できる。したがって、坊令は常に部内の戸口を把握していたといえるだろう。

二 督察奸非

次に、「督察奸非」とは、調べて取り締まるという意であり、坊令は治安維持を掌っていた。ところが、長谷山彰氏は、唐の県令および日本の郡司が独自の裁判権を持つことに対して、坊令には独立した裁判機能が付与されていないこと、また『通典』巻三食貨三郷党の坊正の職掌が「坊門管鑰、督察姦非」とあり、治安維持を専らにすることに対して、坊令の職掌には「坊門管鑰」が除かれていることから、坊令の職掌は治安維持の機能が軽視されて民政に偏っていたと指摘する。[17]

しかし、『養老律』には、坊令の部内における治安維持と追捕に関する規定がみえる。

史料3　養老賊盗律15造畜条

凡造二畜蠱毒一、及教令者絞。造畜者同居家口、雖レ不レ知レ情者、遠流。若里長、坊令・坊長亦同。知而不レ糺者、徒三年。（後略）

史料4　養老賊盗律54部内条

凡部内有三一人為レ盗、及容二止盗者一、里長笞卌。坊令・坊長亦同。三人加二一等一。郡内一人笞卅、四人加二一等一。（後略）

まず、史料3は、部内で蠱毒を合成・所有し、また勧めそそのかしていることを知っていながら、糺さない場合は、坊令を徒三年とするという規定であり、史料4は、部内で盗賊が生じたり、匿ったりした者がいた場合は坊令を笞四十とするという規定である。

史料5『類聚三代格』巻三僧尼禁忌事所収、養老六年（七二二）七月十日太政官奏

太政官謹奏

垂レ化設レ教資二章程一以方通。導レ俗訓レ人違二彝典一而即妨。比来在京僧尼不レ練二戒律一、浅識軽智巧説二罪福之因果一、門底廛頭訟誘二都裏之衆庶一。内黷二聖教一外虧二皇猷一。遂令下二人之妻子一動有二事故一。自剃二頭髪一輙離二室家一。無レ懲二綱紀一不上レ顧二親夫一。或於二路衢一負レ経捧レ鉢。或於二坊邑一害レ身焼レ指。聚宿為レ常妖訛成レ群。初似レ修レ道終為二奸乱一。永言二其弊一特須二禁制一。望請、京城及諸国々分遣二判官一人一。監二當其事一厳加二捉搦一。若有二此色一者、所由官司即解二見任一。其僧尼一同下詐称二聖道一、妖中惑百姓上依レ律科レ罪。其犯者即決二百杖一。勒還二郷族一。主人隣保及坊令里長並決二杖八十一。不レ得二官当蔭贖一。量レ状如レ前。状聴二　天裁一。謹以申聞謹奏。奉　レ勅。依レ奏。

養老六年七月十日

また、史料5は、僧尼令に反する布教を禁断するが、その違反者が部内で出た場合は坊令を杖八十に処すとある。これらの史料から、部内の犯罪に対して坊令は重い責任を有しており、治安維持を行う義務を持っていたことがわかる。

史料6 養老闘訟律 被害家告主司条

〔凡〕強盗及殺人賊発、被害之家及同伍、即告二其主司一。主司、謂坊長・坊令・里長等。若家人同伍単弱、比伍為レ告。而不レ告、一日杖六十。主司不二即言上一、一日杖八十。三日杖一百、官司不二即検校捕逐一、及有レ所二推避一、一日徒一年。窃盗、各減二二等一。（後略）

さらに、史料6では部内で盗賊や殺人傷害が起こった場合、坊令が主司として通報を受け、関係官司に通報し、追補に向うことが規定されている。したがって、「督察姧非」という職掌には、追捕の任も含まれていた。

以上から、坊令は部内での治安維持に対し責任があり、必要に応じて追捕も行なっていたことが認められる。したがって、成立当初の坊令の職掌は必ずしも民政に重点を置いたものではなかったといえよう。

三 催駈賦徭

次に、「催駈賦徭」とは、京戸は庸（歳役）が課されないため、主に調・義倉・雑徭を徴収することである。「右京計帳」には、各戸末尾に別筆あるいは朱書で「依身役申銭不輸」「正丁一少丁四二百四十」「正丁一百廿」などの書き込みがある。「依身役申銭不輸」「正丁二役身申」は雑徭を実役で行なった旨、「正丁一少丁四二百四十」「正丁一百廿」は雑徭を銭納（一人一日二文）した旨の記載であり[18]、坊令の下で坊ごとに計帳を成巻されていたと想定され、坊令がこれら税の徴収を確認していたと考えられる。このことから、坊令は部内の税の徴収に関わっていたことがわかる。

また、坊令の雑徭徴発に関わる史料としては、史料7と史料8がある。

史料7 養老営繕令9須女功条

凡在京営造、雑作物、応レ須二女功一者、皆令二本司造一。若作多、及軍事所レ用、量謂不レ済者、申二太政官一、役二京内婦女一。

史料8　養老営繕令11京内大橋条

凡京内大橋、及宮城門前橋者、並木工寮修営。自余、役二京内人夫一。

史料7は雑徭ではないが、「京内婦女」を女功とした戸は雑徭が免除となることから雑徭に準じた労役であった[19]。史料8は京内の橋の修理に京戸の雑徭を充てるという条文である。また、『類聚三代格』巻二〇断罪贖銅事所収、天長九年（八三二）十一月二十九日太政官符に「自レ爾爾来、奔波勤レ事不レ遑二寧處一。雖レ然所レ管條中怠慢難レ絶。何者有勢之家不レ遵二催課一。無主之地経レ年不レ掃。巡検之責靡二月不一レ臻。方今進レ台過状三度巳満、罪非二自犯一、受二罰市獄一。今令等或称レ病不レ上。或遁去未レ帰。因レ茲京坊逾蕪。道橋不レ修」とあり、坊令が京内の橋・路の修理と密接に関わっていたことがわかる。このことから、坊令が京戸の雑徭に関わっていたと考えられる。同様に、史料7の京戸の女功も坊令が徴発していたと推察される。

以上の検討結果に加え、課役の徴収には、当然戸口の把握が必要となることから、計帳などを最終的にまとめていた坊令が行なっていたと考えられる。したがって、「検校戸口」と「催駈賦徭」は表裏一体の職掌であったといえよう。

四　その他

さらに、戸令規定外の坊令の活動も史料からうかがえる。その一つが、部内の土地の把握である。土地売買の券文は、諸国では郷長や郡司によって作成されるのを常としたが、京内ではそれらと対応する坊令がその任に当たっていた[20]。京の土地売買の券文の最古ものは、延暦七年の「長岡京六条令解[21]」である。だが、天平二十年に類似した形式の奴婢売買券文を作成していることから、奈良時代にも同様に土地の売買券文を作成していたと考えられる。さらに、

『朝野群載』巻二一雑文上、紛失状「四条令解」[22]では、土地の公験の再作成も坊令が行なっていたことが確認できる。したがって、坊令は部内の戸口だけでなく土地の把握も常に行なっていたといえる。

史料9『平城宮発掘調査出土木簡概報』二二―一〇上（三七）

・左京五條進槐花一斗八升　坊監中臣君足　□〔拾カ〕小子五人功銭十五文 功別五升

・　天平八年六月十四日坊令大初位下刑部舎人造園麻呂

262・31・3　011

また、坊令は京職の物資の調達にも関わっていた。史料9は、槐の花を坊監中臣君足の監督のもとで五人の小人に駄賃を与えて集めさせ左京五条の坊令刑部舎人造園麻呂が進上した旨を記した木簡である。[23]

史料10『平城宮発掘調査出土木簡概報』二二―一〇下（四三）

・右京三条進礫六斛　乗車弐両　一礼比古□　物部連加保□

・　天平八年十月廿三日坊令文伊美吉牟良自

360・48・4　011

これと類似したものとして史料10がある。これは、坊令が土木工事用の礫を進上したことを記したものである。これらの木簡は平城京の二条大路から出土しており、物資は京職に運ばれたと考えられる。かつ、二条大路からは鼠や白土などが京職から進上されていたことを示す木簡が出土している。槐花の進上方式と木簡の記載のあり方を参考にすると、鼠等に関しても、各条の負担、坊令等による責任で功銭支払いによる労役で調達されたという可能性を示唆し、鼠等の調達が坊令、各条などに委ねられ、それらを集めて京職が進上する形で進上木簡を作成したと想定できる。[24]つまり、坊令は担当の条ごとに京職に関わる様々な物資を調達し、京職に進上していたのである。

史料11「左京職符」(25)

職符　東市司

琉璃玉四口径二寸、若無者壷一十許口

右、平二章其價一、便付二遣使坊令御母石勝一、進二奏舎人親王葬装束所一、符到奉行。

大進大津連船人

大属四比元孫

十一月廿日

史料11は、左京職が琉璃玉の価格調査を東市司にさせ、坊令である御母石勝に舎人親王葬装所へ価格の報告をさせに行くという内容である。坊令の御母石勝が舎人親王葬装所に報告に行なっていること、舎人親王邸が左京三条三～六坪と想定されること(26)、史料9・10にみえるように管轄部内のことは、そこを管理する坊令が行なっていたと考えられることから、石勝は左京三条令と推測される。

また、宝亀年間のものとみられる「家屋資財請返解案」(27)は、官人「ム甲」が父の死後、宅地が父の妹三人に奪われたことを訴えるというもので、京職が条令を使に出していることが記されている。この条令（坊令）は本文中に「左京七條一坊」とあることから、左京七条令と推察される。以上、史料11と「家屋資財請返解案」から、京職が坊令を使とする場合もその部内を管理する坊令を任じていたと考えられる。

したがって、坊令は、京職の物資調達や使としても働いており、その際は当該部内の坊令が行なっていたことが明らかとなった。

以上から、坊令は実際に戸令の規定どおり常に部内の戸口の把握、治安維持、課役の徴発を行なっていた。加えて、坊令は、京職の物資の調達・使としても働いており、その際は担当部内の坊令が任じられた。つまり、坊令とは四坊（条）の行政・治安を管理・統括する京職の官人であった。

第二節　坊令成立の時期と要因

では、このように複数の坊を管理する官人である坊令はいつ成立したのだろうか。坊令の初出史料は、『日本書紀』大化二年（六四六）正月甲子朔条（改新詔条）である。しかし、この記事は大化年間に条坊をともなう都があったと考えられないことから、信憑性に疑問がある。したがって、確実に遡れる史料は古記に「坊令」の語が確認できるため『大宝令』までである(28)。

そのうえ、坊令とは複数の坊の行政と治安を管理する京職の官人であり、京職という組織の確立と坊制の成立がなければ、坊令が存在していたとは考えられない。そこで、本節では、京職と坊制の成立時期を考察し、坊令の成立時期と要因を解明する。

一　坊令の成立時期

まず、京職は『日本書紀』天武十四年（六八五）三月辛酉（十六日）条に「京職大夫直大参許勢朝臣辛檀努卒」とあり、『続日本紀』養老元年（七一七）正月己未（十八日）条にも「中納言従三位巨勢朝臣麻呂薨。（中略）飛鳥朝京職直大参志丹之子也」とみえることから、大宝令制定以前に設置されていたことは疑いない。そして、「職」という語は、浄御原令制下のものである可能性が高いことから、七世紀後半には「京職」が成立したと考えられる。

加えて、「京」の特殊性としては、在地首長層、すなわち郡司が行政に関わらず、代わりに郡司に対応する官として坊令が置かれていることが挙げられる。また、基層となる行政単位も五十戸一里制（戸数）ではなく、坊（土地区画）である。そして、前節で検討したように坊令は四坊（条）の行政と治安を管理する官であった。すなわち、坊とその坊を本貫とする人間がいてはじめて坊令という行政管理を行う官人が必要となる。

藤原京は、大宝令施行以前からすでに都として機能しており、坊も存在していた。そして、『続日本紀』文武三年（六九九）正月壬午（二十六日）条には「京職言、林坊新羅子牟久売一産二二男二女一。賜二絁五疋・綿五屯・布十端・稲五百束・乳母一人一」とある。これは大宝令制定前であるが、林坊の戸口を把握していなければ京職がこのような報告を行うことはできない。しかし、京職が直接坊を把握していたとは思われないことから、大宝令施行以前も坊令が戸口の管理を掌り、戸籍などの管理を行なっていたと考えられる(29)。また、持統八年（六九四）の藤原京遷都(30)の時点で坊の管理が必要であり、坊令による四坊の管理がこの段階にはすでに始まっていたと推察される。

次に、『日本書紀』改新詔条と養老戸令の坊令規定をみてみる。

史料12『日本書紀』大化二年正月甲子朔条

凡京毎レ坊置二長一人一、四坊置二令一人一。掌下按二検戸口一、督中察姧非上。其坊令、取下坊内明廉強直、堪二時務一者上充。

史料13　養老戸令3置坊長条

凡京、毎レ坊置二長一人一、四坊置二令一人一。掌、検二校戸口一、督二察姧非一、催二駈賦徭一。

史料14　養老戸令4取坊令条

凡坊令、取下正八位以下、明廉強直、堪二時務一者上充。里長坊長、並取二白丁清正、強幹者一充。若当里当坊無レ人、聴下於二比里比坊一簡用上。若八位以下情願者聴。

改新詔条は、戸令3条と4条の二つを合わせ一条とするが、字句に違いがあり、前者では「坊内」、後者では「正八位以下」から坊令を任用するとある。

市川理恵氏は、改新詔条に「坊内」の語がみえることから、大宝戸令4取坊令条に、「坊内」の語が存在した可能性があると指摘する。[31]

しかし、『令集解』戸令4取坊令条所引跡記には「八位以下、謂至㆓七位㆒者令㆑替。古記同也」とあり、同条所引古記にも「問、八位以下情願者聴、有㆑限不。答、内八位以下聴也」とあることから、『大宝令』では「正八位以下」と規定されていたと想定できる。また、改新詔条の第四条の郡の等級規定も養老令との違いがみられるが、出土木簡にみえる評の規模の検討から改新詔条の郡等級は孝徳朝以降の評の規模の実態を反映させたものと考えられる。このことから、改新詔条が単純に大宝令を潤色したものとはいえない。

したがって、「坊内」という語も大宝令施行以前の坊令の任用規定を反映したものと考えられる。以上から、少なくとも大宝令制定以前の七世紀後半に坊令が成立していたことは間違いない。

二　坊令の成立要因

坊令は日本独自の官である。しかし、坊令の職掌は、史料15の①～③部分から里正の「按比戸口」「催駆賦役」と坊正の「督察姦非」という職掌を継受している。

史料15『通典』巻三　食貨三　郷党

大唐令、諸戸以㆓百戸㆒為㆑里、五里為㆑郷、四家為㆑隣、五家為㆑保。毎㆑里置㆓正一人㆒。若山谷阻険、地遠人稀之処、聴㆓随㆑便量置㆒。掌①按㆓比戸口㆒、課㆓植農桑㆒、検㆓察非違㆒、②催㆓駆賦役㆒。在㆓邑居㆒者為㆑坊。別置㆓正一人㆒。掌㆔坊門管鑰、③督二察姦非一、並免二其課役一。在二田野一者為レ村、別置二村正一人一、其村満二百家一、増置二一人一、掌同二坊正一。
（後略）

なお、「課植農桑」が坊令の職掌から削除されたのは、京内に口分田がないためであり、「坊門管鑰」がないのも日本の都城の坊に坊墻を設けなかったためである。[32]

史料16　天聖賦役令不行唐15諸色職掌人免課役条

諸正、義及常平倉督、県博士、州県助教、視流外九品以上、州県市令、品子任雑掌、親事、帳内、国子、太学、四門、律、書、算等学生、俊士、無品直司人、衛士、庶士、虞候、牧長、内給使、散使、天文、医、卜、按摩、呪禁、薬園等生、諸州医博士、助教、両京坊正、県録事、里正（中略）並免二課役一。（後略）

史料17　天聖雑令不行唐15番官雑任条

諸司流外非二長上一者、総名二番官一。（中略）州県録事、市令、倉督、市丞、府、史、佐、計（帳？）史、倉史、里正、市史、折衝府録事、府、史、両京坊正等、非二省補一者、総名二雑任一。（後略）

また、天聖令の発見により、「両京坊正」の語が唐令にあることが判明した。史料16では「両京坊正」のみ課役を免じられたことが、史料17では「両京坊正」は雑任とある。両条文をみてみると、「両京坊正」は州県城の坊正とは区別されており、里正と同じ待遇であった。これら令文から、両京、すなわち長安城と洛陽城の坊正は他の坊正とは異なった特別な扱いを受けていたことが指摘できる。唐の都である長安城・洛陽城の坊正のこのような特別な処遇は日本の坊令の成立に影響を与えたと考えられる。つまり、坊令自体は日本独自の官であるが、多分に中国の影響を受けて成立した。

坊正と里正は、『旧唐書』巻四八食貨志に「武徳七年始定二律令一（中略）百戸為レ里、五里為レ郷、四家為レ隣、五家為レ保。在二邑居一者為レ坊、在二田野一者為レ村」とあることから、武徳七年令（六二四年）までは確実に遡る。[33]また、開元三年令と目される[34]『倭名類聚抄』処居部所引唐令にも「両京城及州県郭下、坊別置二正一人一、掌三坊門管鑰、督二察奸非一也」とあり、かつ開元七年令（七一九年）から編纂された『唐六典』巻三戸部郎中員外郎条に「百戸為レ里、五里為レ郷、両京城及州県之郭内分為レ坊、郊外為レ村、里及村坊、皆有レ正、以司二督察一里正兼二課植農桑、催駆賦役一」とみえることから、日本令の藍本と推定されている永徽令（六五一年）にも坊正と里正に関する条文があったと考えられる。

坊令が行政領域の管理者としての里正の側面と場の管理者としての坊正の側面双方を受け継いだことは、日本の都城の行政構造の独自性と大きく関わる。日本では京内を国と同等の独立した行政区域とし、大宝令施行後は左右京に分け管理した。その際、戸数にもとづく里ではなく、坊という土地区画で京内の人々を管理した。そして、行政上複数の坊をまとめて、その行政や治安を詳細に把握することが必要となった。そのため、坊令は京職の官人であるが、その任用は京内の特定の坊に本貫を持つもの、すなわち、郡司と同じく在地の人間の有位者からとられることとなった。

以上から、坊令は「京」という、「国」とは異なる行政組織を創出したことにより、日本で独自に作り出された官であったといえよう。その明確な創出年代は不明だが、七世紀後半に「京」が成立したと考えられること、持統五年時点で藤原京の宅地班給が行われており坊の成立が確認されること、改新詔条にみえる坊令の規定が大宝令以前の実態を反映したものと思われることから、都城制の導入にともなって坊令は成立したと考えられる。

むすび――日本古代における都城の特質と坊令――

奈良時代の坊令は、常に四坊（条）の戸口・土地の把握、治安維持、課役の徴発を行なっていた。その一方で、京職の物資の調達・使としても働き、その際は担当部内の坊令が任じられた。このことから、令制初期の坊令は、四坊（条）という領域の行政・治安などを管理・統括し、京職の雑事を行う官人であった。

また、京職が管理する「京」は「国」と異なり、在地首長層を介入させず、里（五十戸）でなく坊（土地区画）を行政の基礎単位としていたため、坊を複数ごとにまとめ管理・統括する京職の官人が必要となった。そこで、唐の坊正と里正の職掌を継受し、かつ四坊を管理するという日本独自の坊令という官が創出された。

そして、持統五年時点で藤原京の宅地班給が行われており坊の成立が確認されること、改新詔条にみえる坊令の規定が大宝令以前の実態を反映したものと思われることから、七世紀後半に坊令が成立したと考えられる。

つまり、「京」という支配組織と坊制という日本古代の都城の特質が、坊令を生み出したのである。

註

（1）　養老戸令3置坊長条。

（2）　中村順昭「律令郡司の四等官」（『律令官人制と地域社会』吉川弘文館、二〇〇八年、初出一九九八年）一九七頁。

（3）　延暦十七年（七九八）四月に坊令の禄を少初位下相当とし、職分田二町が支給された（『類聚三代格』巻五定官員并官位事所収、延暦十七年四月五日太政官奏、『同』巻一五職田位田公廨田事所収、延暦十七年四月五日太政官奏、『類聚国史』巻一〇七、同年四月庚午条）。また、同年七月には坊令の考は長上官となった（『弘仁格抄』同年七月二日太政官符）。

（4）曽我部静雄「坊令の身分」（『日本歴史』一四四号、一九六〇年）三三〇頁。

（5）『類聚三代格』巻四加減諸司官員幷廃置事所収、天長二年（八二五）閏七月十日太政官符に「戸令云、坊令取下正八位以下明廉強直堪二時務一者上充。若当坊無レ人、聴下於二比坊一簡用上者。而延暦年中以降、通二取在京畿内人一充用。行来日久」とあり、延暦年間以降に当坊・隣坊に坊令になる人間がいない場合は、京・畿内の人間を坊令にしていることから、それ以前は令文が守られ、当坊・隣坊から坊令が任じられたと考えられる。

（6）養老戸令4取坊令条。

（7）『大日本古文書』一―481～501、二四―16。

（8）先行研究には、坊令の身分に言及したものに、曽我部静雄氏の「坊令の身分」（『日本歴史』一四四号、一九六〇年）、さらに坊令が行政組織としての体系上郡司に対応する官であることを解明した岸俊男氏の「日本における「京」の成立」（『日本古代宮都の研究』岩波書店、一九八八年、初出一九八二年）などの研究がある。また、唐の県令や日本の郡司が裁判権を保有しているのに対し、坊令が裁判権を持っていないことに言及した長谷山彰氏の「律令制下における京職の裁判権―唐京兆府との比較において―」（『日本古代の法と裁判』創文社、二〇〇四年、初出一九九六年）がある。その他、平安時代以降の史料に坊令に関するものが多数あることから、平安時代初期から中期にかけての坊令について扱う研究が多く、北村優季氏の「平安京初期の都市政策」（『平安京―その歴史と構造―』吉川弘文館、一九九五年、初出一九九四年）、市川理恵氏の「京職の末端支配とその変遷」（『古代日本の京職と京戸』吉川弘文館、二〇〇九年）などがある。また、日唐における坊制の差異について述べたものに吉田歓氏の「東アジアにおける都市造営と平泉の比較研究」（『日中古代都城と中世都市平泉』汲古書院、二〇一四年、初出二〇一一年）、坂上康俊氏の「唐代の都市における郷里と坊の関係について」（東北亜歴史財団編『東北亜歴史財団企画研究51　8世紀東アジアの歴史像』東北亜歴史財団出版部、二〇一一年）がある。しかし、坊令の成立とその要因について言及したものは、管見の限りない。

（9）前掲註（7）。

（10）岸俊男「右京計帳手実について」（『日本古代籍帳の研究』塙書房、一九七三年、初出一九七二年）一九三頁。

（11）前掲註（10）岸俊男「右京計帳手実について」一九三頁、中村順昭「平城京の京戸について—天平五年右京計帳手実をめぐって—」（『律令官人制と地域社会』吉川弘文館、二〇〇八年、初出一九九五年）二二四頁。
（12）前掲註（11）中村順昭「平城京の京戸について—天平五年右京計帳手実をめぐって—」二二六頁。
（13）戸令3条では四坊ごとに坊令を一人置くことが規定されている。ところが、『類聚三代格』巻五定官員幷官位事所収、延暦十七年四月五日太政官奏では、「案二令条一、左右京職毎レ条置二坊令一人一」とあり、さらに天平二十年（七四八）の「大原真人櫛上奴婢売買券」に「一条令」とみえることから、八世紀前半の平城京においてすでに条ごとに坊令が一人置かれ、条令とも呼されていたと考えられる。
（14）沖森卓也・佐藤信編『上代木簡資料集成』（おうふう、一九九四年）一〇一頁。
（15）史料1は平城京二坊二条大路東西溝SD五一〇〇から出土した。ここから出土した木簡の示す年紀は、天平三年から十一年までで、中でも天平七・八年のものがとくに多い。同溝からは、天平十二年の日付の墨書のある土器が伴出しているので、恭仁京遷都の前後に埋められたものと考えられる（渡辺晃宏「平城京跡」『木簡研究』一二号、一九九〇年、八頁）。
（16）『大日本古文書』三—126～127。
（17）前掲註（8）長谷山彰「律令制下における京職の裁判権—唐京兆府との比較において—」一三七頁。
（18）青木和夫「計帳と徭銭」（『日本律令国家論攷』青木書店、一九九二年、初出一九六二年）一〇七—一〇八頁。
（19）『令集解』営繕令9女功条所引額記「免二其戸雑徭一也。役馬如折二充徭一也」。
（20）北村優季「京中支配の諸相」（『平安京—その歴史と構造—』吉川弘文館、一九九五年、初出一九八五年）一三五頁。
（21）『平安遺文』四号。
（22）『朝野群載』巻二一雑文上、紛失状「四条令解」。
（23）渡辺晃宏『平城京一三〇〇年『全検証』—奈良の都を木簡から読みとく—』（柏書房、二〇一〇年）四七—四八頁。
（24）森公章「二条大路木簡中の鼠進上木簡寸考」（『長屋王家木簡の基礎的研究』吉川弘文館、二〇〇〇年、初出一九九九年）三四九頁。

(25)『大日本古文書』一―632～633。

(26)近江俊秀「平城京左京三条三坊　小字「衛門殿」の居住者」(『古代都城の造営と都市計画』吉川弘文館、二〇一五年、初出二〇〇八年)、渡辺晃宏「平城京の構造」(田中征夫ほか編『平城京の時代』古代の都2、吉川弘文館、二〇一〇年)三三―三四頁。

(27)『大日本古文書』六―118～120。

(28)『令集解』戸令3置坊長条所引古記に「問、令一人職掌注、兼長一人以不。答、長・令共按検也」、また、同、戸令4取坊令条所引古記に「問、取二外位一任二坊令一、若為選叙。答、同二内分番一叙二内位一」とあり、「坊令」の字句が確認できることから『大宝令』にも坊令の規定があったことがわかる。

(29)また、大宝元年以後も藤原京の坊名は「軽坊」(『飛鳥藤原京木簡』二―一二三〇二号)、「小治町」(『平城宮木簡』二―一九二六号)などの固有名詞のものであったと考えられていた。しかし、近年出土した木簡に「四坊」(『飛鳥藤原京木簡』二―一三四六九号)と藤原京内の条坊呼称を記していたものが見つかったことから(市大樹「藤原京宮の構造・展開と木簡」『飛鳥藤原京木簡の研究』塙書房、二〇一〇年、一二三五頁)、少なくとも大宝令制定以降は数詞も併用されていたと推察される。

(30)『日本書紀』持統八年(六九四)十二月乙卯条。

(31)前掲註(8)市川理恵「京職の末端支配とその変遷―「都市民」の成立を中心に―」八三頁。

(32)平安京では各条の条門小路が朱雀大路に通じる場所のみ坊垣と門があったが、唐のように坊を四方に囲む墻と門はなかった。ところが吉田歓氏は、令文の職掌にこそ「坊門管鑰」はみえないが、平城京から坊令が坊門の鑰を所有し坊門の開閉を行なっていたと論じる(前掲註(8)吉田歓「東アジアにおける都市造営と平泉の比較研究」四六―五〇頁)。しかし、藤原京の段階では、朱雀大路沿いの坊垣と坊門があった明確な根拠はなく、また条ごとでなく四坊というブロックごとに坊令が置かれていたと考えられることから、令制初期の坊令は坊門の鑰を所有せず、その開閉も行なっていなかったと思われる。

(33)仁井田陞著・池田温編集代表『唐令拾遺補』(東京大学出版会、一九九七年)五一八―五一九頁。

(34)仁井田陞『唐令拾遺』(東京大学出版会、一九三三年)二一六頁。

第五章　日本古代における坊制の採用

日本古代では、「国」が国―郡―里という行政体系をとるのに対し、首都のみ「京」という別の独立した行政区域を設定し、京―四坊―坊という異なる行政体系がしかれていた。だが、日本が規範とした唐では、都の内外にかかわらず全国一貫して州―県―郷―里制がしかれ、里が行政上の基本単位であった。つまり、唐では、首都であろうとも、都城自体が独立した行政区画になることはなく、州―県―郷―里制に組み込まれた。[1]

ところが、日本では唐令を大きく改変して、京域自体を「国」に対応する行政区域「京」とした。さらに、「京」の基本行政単位を直線道路で京域を分割した土地区画である坊とし、その上に四つ坊を一つの行政単位とした四坊を置き、それを管理する坊令という官人までをも創出した。[2]

「京」に郡を置かなかったのは、郡司、すなわち特定の在地豪族が首都の行政に関与することを避けるためであったと考えられる。しかし、京域を独立した行政区画であっても、里を基本行政単位とすることは可能である。それにもかかわらず、坊を基本行政単位とし、京―四坊―坊という独自の行政体系をとったことは、日本の都が「京」制をとったことと密接に関係するものと考えられる。

坊制に関する先行研究は、まず岸俊男氏が、日本では条坊が施行された京がそのまま行政組織を構成し、京―条（四坊）―坊からなる左右京の支配構造と、国―郡―里からなる支配体系が対置されるという二本立ての支配体系が存在したことを解明し、里長と坊長の職掌が対応することから、坊は里と並列する行政単位だということを指摘した(3)。

吉田孝氏は、唐の戸令における自然集落と人為的行政区画との二重構造に対して、日本の戸令は人為的な行政区画だけに一元化したため、坊も唐令のように重複した自然集落としての坊ではなく、里に並列する行政区画としたと論じる(4)。

日本の戸令が人為区分だけに一元化したという吉田氏の見解は賛同できるが、それならば、里制のみ受け継げば問題はなかったはずである。同様の疑問は、浅野充氏も呈しており、日本が坊を京内の区画として採用したことは京が独立した行政区画とされたことに淵源すると述べている(5)。

坂上康俊氏は、唐の城郭内では里は坊であるという見解から、日本で唐制にもとづく行政体系を継受した際、都では坊をそのまま行政単位とし、唐の里が規模に融通性があるのに対し、日本の里は五十戸という厳格な規定があったため、唐のように坊を里と呼ぶことができず、行政上においても坊と呼称したと論じる(6)。

しかし、長安城の坊は、五百戸前後からなると考えられており、そのような坊（里）を里正一人で管理できたのだろうか。そのうえ、京城と州県城の坊の規格差は著しく、坊と里が互換性を有するという説が成り立つのか疑問が残る。さらに、坂上氏自身も疑問としているが、唐制をそっくり継受したのであれば、どうして坊令など唐にはない官人を創り出したのかという問題もある。このことから、唐制をそのまま継受したため、「京」において、坊制をとったとは考えがたい。むしろ、唐令にはない日本の独自の「京」という行政区画に着目すれば、日本の都の特質が関係しているのではないだろうか。

そこで本章では、以上の問題意識を踏まえ、まず坊制の実態についての検討を行うことで、日本で坊制が採用された要因を明らかにし、それを踏まえて「京」制が成立した背景を解明する。

第一節　日本における坊

一　日中の坊

宮崎市定氏がすでに指摘しているように、元来、坊とは、中国において宮・皇城内の一つないし、二・三の建物の警備と防御のために置かれていた空間であった[7]。例えば、後漢洛陽城は、城内の三分の一が宮殿で占有され、その他に太尉府・司空府・司衛府などの行政機関、高官・貴族の住む里（坊）が置かれていた[8]。

しかし、北魏になると、平城城の宮・皇城の外に外郭城が築かれ、そこに坊が設置された[9]。『南斉書』巻五七魏虜伝には「其郭城繞二宮城南一、悉築為レ坊、坊開レ巷。坊大者容二四五百家一、小者六七十家」とあり、坊は高官・貴族以外の都の住民も居住する空間へと変化した。そして、平城城から遷都した洛陽城にも外郭城が造営され、そこには約三百二十もの坊が置かれた[10]。

北魏で坊の性格が大きく変化したのは、『南斉書』巻五七魏虜伝に「毎閉レ坊捜検、以備二奸巧一」とあり、『魏書』巻一八広陽王嘉伝には「姦盗永止」と築坊の目的が記されているように、都の治安維持のためであった[11]。また、朴漢濟氏は、盗賊防止だけでなく、遊牧民族である鮮卑拓跋が中原に入り征服国家を建設する過程で、王権強化のための措置の一環として被征服民や征服過程に参加した部落民を都に居住させるにあたり、統制・掌握するための手段として坊制が生まれたと指摘する[12]。そのため、洛陽城の坊は四方に坊墻が巡り、各面に一門を有する閉鎖的な構造であった[13]。

そして、この都市プランは唐代まで継承されていく。

日本でも、七世紀後半に都城制の導入にともなって坊が造られたが、唐の坊とは多くの相違点がある。唐では、京城だけでなく州県城にも坊が置かれていた[14]。しかし、日本では都だけに設置され、国府域や郡家周辺には置かれなかった[15]。つまり、日本は都に限定して坊を取り入れたのである。

また、唐の坊は規模も形状も一様ではなく、長安城の坊の規模は市を含めて六等級あった[16]。その中には県城と同等、もしくはそれ以上の規模のものもあり、都と地方の坊の面積差は著しかった[17]。しかし、日本の坊は基本的に同一規格の正方形で[18]、かつ都が変わっても規模・形状は踏襲された。

そして、唐の坊は、周囲を坊墻で囲み、出入口は坊門だけという閉鎖的構造であった[19]。その坊門も『唐律疏議』巻二六雑律18犯夜条所引宮衛令に「五更三籌、順天門撃レ鼓、聴二人行一。昼漏尽、順天門、撃レ鼓四百槌訖、閉レ門。後更撃二六百槌一、坊門皆閉、禁二人行一」とあるように、夜間には閉ざされ、人の出入は禁止された。ところが、日本の坊は、朱雀大路に面した箇所以外は坊墻と坊門がなかったため[20]、唐に比べきわめて開放的構造であり、坊本来の機能である閉鎖性を有していなかった。

このように、日本は坊という空間は継受しているものの、規模・構造・機能などあらゆる面において唐とは異なっていた。

これまでの研究では、日本の都に都城制が導入されたのは、坊を十六等分した区画である町が宅地班給の基準となっていることから、官人の居住を強制させるためと考えられてきた[21]。これが、都城制導入の主要な要因であることには、疑いの余地はない。

しかし、日本の坊は、坊にとって最も重要な機能である閉鎖性を欠いており、中国のような治安維持機能がなかった。そのうえ、坊が設置された場所は都に限定されている。そして、『日本書紀』の改新詔条と『令集解』戸令4取坊令条所引古記にみえる坊令の任用規定が異なっており[22]、前者は大宝令以前の坊令の任用規定と考えられることから[23]、七世紀後半には坊令が創出され、四坊の管理が行われていたとみて差し支えない。このことから、四坊の下に置かれた坊という「京」の基本行政単位は、日本に都城制が導入された七世紀後半に成立したと考えられる。

したがって、日本では、宅地班給などの基準となる土地区画と「京」における基本行政単位という二つの側面から坊が継受されたと考えられる。

二　坊と里

次に、古代の日本において、行政体系上、対応する坊と里についてみていく。

まず、坊は土地区画であり明確な領域があるが、貫附されている戸数について規定はみられず、不定であったと考えられる。一方、里は五十戸からなる人間集団で、坊とは逆に明確な区域はなかった。したがって、行政体系上、坊と里は対応関係にあるが、基となるものの本質はまったく異なっていた。とくに、両者の戸数との関係の有無は、「京」と「国」の行政に大きな違いをもたらした。

『令集解』賦役令8封戸条所引古記には「慶雲二年十一月四日格云、以㆓四丁㆒准㆓一戸㆒也」と、一戸で四丁であることがみえる。この制度は、大宝二年（七〇二）の御野国戸籍や西海道戸籍においても確認できることから[24]、大宝令段階から一戸は四丁であり、戸数を積み上げて作られた里は、調・仕丁・封戸・兵士などの徴税の単位となった。つまり、里は戸と対応関係にあることで、徴税量の予測・計算ができる財政上の均一の単位となり、律令収取体系をより効果的かつ円滑的に機能させることを可能にした[25]。

京戸にも調と兵士が課されていたが、坊は戸数と対応関係にないため、里のような徴税量の予測・計算という機能を持つことができなかった。このことから、徴税面では里制の方に利便性があったといえる。

また、唐戸令では、百戸で一里、五里（五百戸）で一郷となり[26]、戸数により赤畿県以外の県および州の等級が決定した[27]。したがって、唐では、戸の積み上げ方式により、州―県―郷―里制がとられていたのである。

日本の戸令でも、「国」の場合、五十戸で一里となり、里（五十戸）数で郡の等級が決まった[28]。令における国の等級基準は不明だが、仁壽三年（八五三）六月八日太政官奏[29]には、田疇・編戸の計校によるとみえる。これがどこまで遡るかは不明だが、少なくとも九世紀においては「国」の等級は耕作地と戸数により決定した。このように、「国」も戸の積み上げ方式により、郡里制がとられ、国の等級も戸数が関わっていた。

ところが、「京」の場合は、戸数が関係しない坊を基本行政単位とし、その上に四つの坊を一つの行政単位とした四坊が置かれた。また、四坊は行政体系上、郡と対応しているが、郡のような等級はなく画一的なものであった。したがって、日本では「京」のみ、戸数の積み上げ方式がとられなかったのである。そして、都城を分割した一区画である坊が「京」の基本行政単位となったことから、「京」は「国」とは逆ベクトルの土地分割方式の行政体系であった。つまり、「京」制が存在してはじめて坊制をとることができた。

以上の坊と里の比較から、「京」で坊制がとられたのは、首都の行政運営を行う上で、里制、すなわち戸数にもとづく行政単位では差し障りがあったためと考えられる。そこで、次節では、この問題を考えるために坊の貫附実態を検討する。

第二節　坊の貫附実態

京貫記事を除く奈良時代から平安時代までの京戸の本貫をみていくと、
①宮城が所在する坊が下級官人や白丁の本貫である。
②大規模邸宅が所在する宮城周辺坊が下級官人や白丁の本貫である。
③奈良時代から平安時代にかけて同じ坊を本貫とする戸が存在する。
という坊制の特徴が見出せる。以下、この三点について詳細な検討に立ち入る。

一　宮城所在坊

『令集解』職員令66左京職条所引朱説には「四坊置㆓令一人㆒者、仮令、有㆓大宮等㆒、雖㆑不㆑足㆓四坊㆒、猶置㆑令耳」と、宮城が所在するなど四坊に満たない場合でも坊令を置くとあり、宮城が所在する坊（以下、宮城所在坊）は坊令の管轄外とみなしている。これまでの研究においても、宮城所在坊には京戸は貫附されず、弘仁年間以降に賜姓皇族や藤原朝臣氏が名誉的に貫附される坊になったと考えられてきた[30]。また、一条一坊への貫附の場合の一条一坊は一条北辺坊を指すという見解[31]も出されており、宮城所在坊は下級官人や白丁などの本貫にはならないと捉えられてきた。

ところが、奈良時代から宮城所在坊を本貫とする下級官人や白丁が複数みえる（表3）。そこで、賜姓皇族や藤原朝臣氏以外で宮城所在坊を本貫とする京戸の事例を検討することにしたい。

表3　京戸の本貫（左右京一条～五条）

	本貫	氏名	位階・身分	職	年月日	典拠
1	左京一条一坊	氷宿禰廣万呂○	従八位下		天平十七（七四五）十二・十五以前	「写疏所請綺緒紙解」（大8-590～591）
2		氷宿禰金弓	白丁		天平十七（七四五）十二・十五以前	「写疏所請綺緒紙解」（大8-590～591）
3		刑部正永○	従六位上		貞観十八（八七六）三・七	「左京土師吉雄田地売券」（平171）
4		土師宿禰吉雄	白丁		貞観十八（八七六）三・七	「左京土師吉雄田地売券」（平171）
5		源朝臣理○	正六位上		延長七（九二九）六・二十九	「七条令解」（平232）
6		源朝臣市童子			延長七（九二九）六・二十九	「七条令解」（平232）
7	左京一条二坊	倭史真首名○	白丁		天平二十（七四八）四・二十五	「写経所解（案）」（大3-78～81）
8		倭史人足	白丁	＊未選舎人	天平二十（七四八）四・二十五	「写経所解（案）」（大3-78～81）
9		丈部臣葛嶋○	少初位上	画師司画師	天平勝宝九（七五七）四・七	「画師等歴名（案）」（大4-227～228）
10		丈部臣濱主	白丁	里人画師	天平勝宝九（七五七）四・七	「画師等歴名（案）」（大4-227～228）
11		坂本朝臣松麻呂	白丁	校生	宝亀四（七七三）十二・十四	「藤原種嗣校生貢進啓」（大22-371～372）
12		調忌寸清麻呂○	従八位下		仁寿三（八五三）二・二十八	「大和国宇陀郡佐山郷長解（写）」
13		藤原朝臣縄紀○	正六位上		天暦十（九五六）五・一	『東宝記』
14		藤原朝臣忠助			天暦十（九五六）五・一	『東宝記』
15	左京一条三坊	県犬養宿禰忍人○			天平十四（七四二）十一・十五	「優婆塞貢進文」（大8-138～139）
16		県犬養宿禰大岡			天平十四（七四二）十一・十五	「優婆塞貢進文」（大8-138～139）
17		新田部真床○	白丁		天平二十（七四八）四・二十五	「写経所解（案）」（大3-78～81）
18		石村部熊鷹	無位	坊舎人	天平二十（七四八）四・二十五	「写経所解（案）」（大3-78～81）
19		奈良日佐廣公○		伎佐麻呂従人	天平年間	「過所？」（大24-556）

20	左京二条一坊	石川朝臣真主○	正六位上		貞観十二（八七〇）四・二十三	「某郷長解写」（平163）
21		石川朝臣貞子			貞観十二（八七〇）四・二十三	「某郷長解写」（平163）
22	左京二条二坊	県犬養宿禰房実○	正六位下		延喜十六（九一六）七・三	『政事要略』巻81「検非違使勘申」
23		県犬養宿禰永基	白丁		延喜十六（九一六）七・三	『政事要略』巻81「検非違使勘申」
24		菅原朝臣善真○			康保二（九六五）十・四	『東宝記』
25		菅原朝臣直正			康保二（九六五）十・四	『東宝記』
26	左京二条三坊	凡河内宿禰康範○	正六位		天暦五（九五一）五・一	『東宝記』
27		凡河内宿禰有忠			天暦五（九五一）五・一	『東宝記』
28		布瑠宿禰有世○	正六位		天暦五（九五一）五・一	『東宝記』
29		布瑠宿禰保光			天暦五（九五一）五・一	『東宝記』
30		葛井連清常○	従八位上		天暦五（九五一）五・一	『東宝記』
31		葛井連清範			天暦五（九五一）五・一	『東宝記』
32	左京三条一坊	阿刀宿禰田主○	大初位下		天平勝宝八（七五六）八・二十二	『東大寺三綱牒』（大4-181～182）
33		阿刀鮑女			天平勝宝八（七五六）八・二十二	『東大寺三綱牒』（大4-181～182）
34		山辺少孝子○			天平勝宝八（七五六）八・二十二	『東大寺三綱牒』（大4-181～182）
35		山辺針間女			天平勝宝八（七五六）八・二十二	『東大寺三綱牒』（大4-181～182）
36		犬甘千麻呂○	白丁		承和十三（八四六）三・十九	『続日本後紀』
37		葛野宮継○	白丁		嘉祥四（八五一）二・二十七	「山城国高田郷長解」（平100）
38		葛野飯刀自女			嘉祥四（八五一）二・二十七	「山城国高田郷長解」（平100）
39		安倍朝臣基尚○	正六位上	故典薬允	延喜十七（九一七）四・二十七	「丹波国某郷長解」（平215）
40		安倍朝臣忠材			延喜十七（九一七）四・二十七	「丹波国某郷長解」（平215）

	本貫	氏名	位階・身分	職	年月日	典拠
41	左京三条一坊	安倍朝臣秀行○	正六位上	故周防掾	延長七（九二九）六・二十九	「七条令解」（平232）
42		安倍朝臣良子			延長七（九二九）六・二十九	「七条令解」（平232）
43	左京三条二坊	槻本連大食○	従八位上		天平十四（七四二）十一・二十三	「優婆塞貢進文」（大2-319～320）
44		槻本連堅満侶			天平十四（七四二）十一・二十三	「優婆塞貢進文」（大2-319～320）
45		清江宿禰御影○	従八位上		嘉祥元（八四八）三・十七	「近江国大国郷長解」（平88）
46		清江宿禰夏則			嘉祥元（八四八）三・十七	「近江国大国郷長解」（平88）
47		紀朝臣高直○	従六位下		康保二（九六五）十・四	『東宝記』
48		紀朝臣利真			康保二（九六五）十・四	『東宝記』
49	左京三条三坊	日置造男成○	白丁		天平二十（七四八）四・二十五	「写経所解（案）」（大3-78～81）
50		日置造蓑万呂	白丁	＊未選舎人	天平二十（七四八）四・二十五	「写経所解（案）」（大3-78～81）
51	左京三条四坊	小治田朝臣藤麻呂○			天平二十（七四八）十一・十九	「伊賀国阿拜郡柘植郷舎宅墾田売買券」（大3-133～136）
52	左京四条一坊	安倍朝臣房上○	従七位下		承和十二（八四五）十二・五	「紀伊国那賀郡司解」（平79）
53		藤原朝臣若平良○	正六位上		天暦十（九五六）五・一	『東宝記』
54		藤原朝臣美遠			天暦十（九五六）五・一	『東宝記』
55	左京四条二坊	石上部君鷹養	白丁カ			「優婆塞貢進文」（大2-316～317）
56		□（石カ）上部君嶋君○				「優婆塞貢進文」（大2-316～317）
57	左京四条三坊	秦人虫麻呂○	白丁カ			「優婆塞貢進文」（大24-298～299）
58		秦人乙麻呂				「優婆塞貢進文」（大24-298～299）
59		小治田朝臣弟麻呂○			天平二十（七四八）十・二十七	「太政官符案」（大24-525～526）
60		小治田朝臣藤麻呂			天平二十（七四八）十・二十七	「太政官符案」（大24-525～526）

61	左京四条四坊	奈良日佐牟須万呂○	従八位上		天平十七（七四五）正・十二	「玉粗人主優婆塞貢進文」（大25-104～105）
62		奈良日佐浄足			天平十七（七四五）正・十二	「玉粗人主優婆塞貢進文」（大25-104～105）
63		丹波史東人○	白丁ヵ			「優婆塞貢進文案」（大24-299～300）
64		丹波史年足				「優婆塞貢進文案」（大24-299～300）
65		廣田王○	正六位上		承和十三（八四六）六・二十五	『続日本後紀』
66		長田王			承和十三（八四六）六・二十五	『続日本後紀』
67		田吉王			承和十三（八四六）六・二十五	『続日本後紀』
68		豊田王			承和十三（八四六）六・二十五	『続日本後紀』
69		次田王			承和十三（八四六）六・二十五	『続日本後紀』
70		紀朝臣常貞○	正六位上		天暦九（九五五）七・十七	『東宝記』
71		紀朝臣安範			天暦九（九五五）七・十七	『東宝記』
72		清科朝臣貞岳○			天徳三（九五九）八・三	『東宝記』
73		清科朝臣豊理			天徳三（九五九）八・三	『東宝記』
74	左京五条一坊	大俣連山守○	白丁ヵ			「貢進仕丁歴名帳」（大25-91～95）
75		大俣連長綱				「貢進仕丁歴名帳」（大25-91～95）
76		小治田朝臣豊人○	正六位上		延暦七（七八八）十二・二十三	「大和国添上郡司解」（平5）
77		小治田朝臣福麻呂			延暦七（七八八）十二・二十三	「大和国添上郡司解」（平5）
78	左京五条二坊	小野朝臣近江麻呂○	正八位下		天平勝宝八（七五六）八・二十二	「東大寺三綱牒」（大4-181～182）
79		刑部望麻呂			天平勝宝八（七五六）八・二十二	「東大寺三綱牒」（大4-181～182）
80		刑部気麻呂			天平勝宝八（七五六）八・二十二	「東大寺三綱牒」（大4-181～182）
81		刑部酒屋女			天平勝宝八（七五六）八・二十二	「東大寺三綱牒」（大4-181～182）

	本貫	氏名	位階・身分	職	年月日	典拠
82	左京五条三坊	村国連五百嶋◯	少初位上			「貢進仕丁歴名帳」(大25-91～95)
83		村国連船人				「貢進仕丁歴名帳」(大25-91～95)
84		秦忌寸木継◯			嘉祥二(八四九)七・二十九	「山城国高田郷長解」(平90)
85		秦忌寸縄子			嘉祥二(八四九)七・二十九	「山城国高田郷長解」(平90)
86		秦忌寸岑吉◯			延喜九(九〇九)七・十七	「左京秦岑吉畠売券」(平200)／「左京秦岑吉畠直稲請文写」(平201)
87	左京五条四坊	鳥取連嶋麻呂◯	大初位下		天平三(七三一)	「右京戸口損益帳」(大1-502～504)
88		丹破史東人◯				「優婆夷貢進文」(大8-135～136)
89		丹破史橘女				「優婆夷貢進文」(大8-135～136)
90	左京五条五坊	百斉連第人◯	白丁ヵ			「優婆塞貢進文」(大2-317～318)
91		百斉連第麻呂				「優婆塞貢進文」(大2-317～318)
92	右京一条一坊	良峯朝臣高峯◯	正六位上		康保五(九六八)六・八	『東宝記』
93		良峯朝臣尚材			康保五(九六八)六・八	『東宝記』
94	右京一条二坊	清江宿禰氏久◯	従八位上		弘仁二(八一一)三・二	「近江国大国郷長解」(平33)
95		清江宿禰常世	白丁ヵ		弘仁二(八一一)三・二	「近江国大国郷長解」(平33)
96		真野朝臣方永◯	白丁		寛平元(八八九)十二・二十五	「丹波川人郷長解写」(平補256)
97		真野朝臣末子			寛平元(八八九)十二・二十五	「丹波川人郷長解写」(平補256)
98	右京一条三坊	清原真人是敏◯	正六位上		天暦八(九五四)五・十五	『東宝記』
99		清原真人信善			天暦八(九五四)五・十五	『東宝記』
100	右京一条四坊	国覓忌寸薩比登◯				平城宮3-3190号木簡

101	右京二条二坊	秦忌永縄○	正六位上		天暦九（九五五）七・十七	『東宝記』
102		秦忌茂長			天暦九（九五五）七・十七	『東宝記』
103		高志連茂○	正六位上		天暦十（九五六）五・一	『東宝記』
104		高志連百助			天暦十（九五六）五・一	『東宝記』
105	右京二条三坊	調連廣則○	従八位上		天暦十一（九五七）二・二十六	『東宝記』
106		調連石兼			天暦十一（九五七）二・二十六	『東宝記』
107		文忌寸永頼○	正六位上		永観元（九八三）九・二十五	『東宝記』
108		文忌寸伴頼		金剛業学生	永観元（九八三）九・二十五	『東宝記』
109	右京二条四坊	坂上大宿禰助忠○	正六位上		永観元（九八三）九・二十五	『東宝記』
110		坂上大宿禰助正		胎蔵業学生	永観元（九八三）九・二十五	『東宝記』
111	右京三条一坊	上毛野朝臣奥継○	正七位下	内舎人	大同元（八〇六）十二・十	「大和国添下郡司解」（平29）
112		上毛野朝臣弟魚子			大同元（八〇六）十二・十	「大和国添下郡司解」（平29）
113	右京三条二坊	紀朝臣宮主○	正六位上		天暦十（九五六）五・一	『東宝記』
114		紀朝臣高村			天暦十（九五六）五・一	『東宝記』
115	右京三条三坊	於伊美吉子首○	従六位上	下野国薬師寺造司工	天平五（七三三）七・十二	「右京計帳」（大1-481〜501、24-16）
116		於伊美吉豊人			天平五（七三三）七・十二	「右京計帳」（大1-481〜501、24-16）
117		於伊美吉伊賀麻呂			天平五（七三三）七・十二	「右京計帳」（大1-481〜501、24-16）
118		於伊美稲刀自売			天平五（七三三）七・十二	「右京計帳」（大1-481〜501、24-16）
119		於伊美吉足次			天平五（七三三）七・十二	「右京計帳」（大1-481〜501、24-16）
120		於伊美吉石次			天平五（七三三）七・十二	「右京計帳」（大1-481〜501、24-16）

	本貫	氏名	位階・身分	職	年月日	典拠
121	右京三条三坊	於伊美吉馬養			天平五（七三三）七・十二	「右京計帳」（大1-481〜501、24-16）
122		於伊美吉古阿麻売			天平五（七三三）七・十二	「右京計帳」（大1-481〜501、24-16）
123		市往刀自売			天平五（七三三）七・十二	「右京計帳」（大1-481〜501、24-16）
124		市往伊毛売			天平五（七三三）七・十二	「右京計帳」（大1-481〜501、24-16）
125		烏那刀自古売			天平五（七三三）七・四	「右京計帳」（大1-481〜501、24-16）
126		烏那古乃売			天平五（七三三）七・四	「右京計帳」（大1-481〜501、24-16）
127		烏那広君			天平五（七三三）七・四	「右京計帳」（大1-481〜501、24-16）
128		烏那牛売			天平五（七三三）七・四	「右京計帳」（大1-481〜501、24-16）
129		烏那刀袮売			天平五（七三三）七・四	「右京計帳」（大1-481〜501、24-16）
130		余虫売			天平五（七三三）七・四	「右京計帳」（大1-481〜501、24-16）
131		三上部麻呂○	白丁		天平五（七三三）七・八	「右京計帳」（大1-481〜501、24-16）
132		細川椋人五十君○	白丁		天平五（七三三）	「右京計帳」（大1-481〜501、24-16）
133		秦小宅牧床○	白丁		天平五（七三三）七・十一	「右京計帳」（大1-481〜501、24-16）
134		韓人智努女			天平五（七三三）七・十一	「右京計帳」（大1-481〜501、24-16）
135		秦小宅虫麻呂			天平五（七三三）七・十一	「右京計帳」（大1-481〜501、24-16）
136		秦小宅富女			天平五（七三三）七・十一	「右京計帳」（大1-481〜501、24-16）
137		秦小宅石床			天平五（七三三）七・十一	「右京計帳」（大1-481〜501、24-16）
138		秦小宅逆女			天平五（七三三）七・十一	「右京計帳」（大1-481〜501、24-16）
139		秦小宅大宅女			天平五（七三三）七・十一	「右京計帳」（大1-481〜501、24-16）
140		秦小宅小宅女			天平五（七三三）七・十一	「右京計帳」（大1-481〜501、24-16）

141	右京三条三坊	秦小宅真櫛女			天平五（七三三）七・十一	「右京計帳」（大1-481〜501、24-16）
142		秦小宅木葉			天平五（七三三）七・十一	「右京計帳」（大1-481〜501、24-16）
143		秦小宅刀自女			天平五（七三三）七・十一	「右京計帳」（大1-481〜501、24-16）
144		物部連族五百○	白丁		天平五（七三三）	「右京計帳」（大1-481〜501、24-16）
145		物部連族刀自女			天平五（七三三）	「右京計帳」（大1-481〜501、24-16）
146		物部連族小刀自女			天平五（七三三）	「右京計帳」（大1-481〜501、24-16）
147		物部連族秋田女			天平五（七三三）	「右京計帳」（大1-481〜501、24-16）
148		物部連族秋穂女			天平五（七三三）	「右京計帳」（大1-481〜501、24-16）
149		物部連族豊前			天平五（七三三）	「右京計帳」（大1-481〜501、24-16）
150		出庭徳麻呂○	白丁		天平五（七三三）六・九	「右京計帳」（大1-481〜501、24-16）
151		出庭人麻呂			天平五（七三三）六・九	「右京計帳」（大1-481〜501、24-16）
152		出庭家足			天平五（七三三）六・九	「右京計帳」（大1-481〜501、24-16）
153		出庭御比売			天平五（七三三）六・九	「右京計帳」（大1-481〜501、24-16）
154		出庭小黒女			天平五（七三三）六・九	「右京計帳」（大1-481〜501、24-16）
155		出庭真黒女			天平五（七三三）六・九	「右京計帳」（大1-481〜501、24-16）
156		出庭小虫			天平五（七三三）六・九	「右京計帳」（大1-481〜501、24-16）
157		出庭君麻呂			天平五（七三三）六・九	「右京計帳」（大1-481〜501、24-16）
158		出庭縫麻呂			天平五（七三三）六・九	「右京計帳」（大1-481〜501、24-16）
159		出庭橘女			天平五（七三三）六・九	「右京計帳」（大1-481〜501、24-16）
160		出庭刀自売			天平五（七三三）六・九	「右京計帳」（大1-481〜501、24-16）
161		紀朝臣虫女			天平五（七三三）六・九	「右京計帳」（大1-481〜501、24-16）

	本貫	氏名	位階・身分	職	年月日	典拠
162	右京三条三坊	出庭家虫女			天平五（七三三）六・九	「右京計帳」（大1-481～501、24-16）
163		出庭麻須売			天平五（七三三）六・九	「右京計帳」（大1-481～501、24-16）
164		出雲部子孫女			天平五（七三三）六・九	「右京計帳」（大1-481～501、24-16）
165		次田連福徳○		左兵衛	天平五（七三三）	「右京計帳」（大1-481～501、24-16）
166		廣幡造廣女			天平五（七三三）	「右京計帳」（大1-481～501、24-16）
167		寺史足之○	白丁カ			「優婆塞貢進文」（大24-301）
168		寺史妖麿				「優婆塞貢進文」（大24-301）
169		三国真人礒乗○			天平神護二（七六六）十・二十一	「越前国司解」（大5-554～616）
170		三国真人国継○			天平神護二（七六六）十・二十一	「越前国司解」（大5-554～616）
171		尾張連比知麿			承和十（八四三）正・十五	『続日本後紀』
172		尾張連継主			承和十（八四三）正・十五	『続日本後紀』
173		朝原宿禰有岑○	正六位上		承平二（九三二）十二・三	「右京朝原有岑解」（平243）
174		津守宿禰船平○			天徳三（九五九）八・三	『東宝記』
175		津守宿禰童子丸			天徳三（九五九）八・三	『東宝記』
176	右京三条四坊	箭集宿禰石依○			天平五（七三三）	「右京計帳」（大1-481～501、24-16）
177		大宅岡田臣虫麻呂○	白丁カ			「貢進仕丁歴名帳」（大25-91～95）
178		大宅岡田臣人上				「貢進仕丁歴名帳」（大25-91～95）
179		紀朝臣門成○	従八位下		承和十二（八四五）十二・五	「紀伊国那賀郡司解」（平79）
180		紀朝臣氏永			承和十二（八四五）十二・五	「紀伊国那賀郡司解」（平79）
181		大秦公宿禰相益○	従六位上	前豊後大目	延喜九（九〇九）七・十七／承平二（九三二）十二・三	「左京秦岑吉畠売券」（平200）／「右京朝原有岑解」（平243）

182	右京三条四坊	大秦公宿禰行康			延喜九（九〇九）七・十七／承平二（九三二）十二・三	「左京秦岑吉畠売券」（平200）／「右京朝原有岑解」（平243）
183	右京四条一坊	上毛野公奥麿○	従七位上		天平神護二（七六六）十・二十一	「越前国司解」（大5-554～616）
184		田邊来女			天平神護二（七六六）十・二十一	「越前国司解」（大5-554～616）
185	右京四条二坊	三善宿禰弟正○	従八位上		弘仁八（八一七）八・十一	「山城国紀伊郡司解案」（平43）
186		三善宿禰姉（女脱ヵ）	従七位上		弘仁八（八一七）八・十一	「山城国紀伊郡司解案」（平43）
187		紀朝臣春世○	従七位上	少判事	貞観十二（八七〇）四・二十三	「某郷長解写」（平163）
188	右京四条三坊	御山造大成○			延暦七（七八八）十一・十四	「長岡京六条令解」（平4）
189		御山造少阿麻女			延暦七（七八八）十一・十四	「長岡京六条令解」（平4）
190	右京四条四坊	秦大蔵連弥智鹿子○	従六位下		天平十四（七四二）十一・十五	「優婆塞貢進文」（大2-314～315）
191		秦大蔵連喜達			天平十四（七四二）十一・十五	「優婆塞貢進文」（大2-314～315）
192	右京五条一坊	小治田朝臣比売比○	白丁ヵ		天平十四（七四二）十一・十四	「尼宝蔵優婆夷貢進文」（大8-133～134）
193		小治田朝臣於比売			天平十四（七四二）十一・十四	「尼宝蔵優婆夷貢進文」（大8-133～134）
194		当麻真人高春○	正六位上		康保二（九六五）十・四	『東宝記』
195		当麻真人全成			康保二（九六五）十・四	『東宝記』
196		当麻真人春成			康保五（九六八）六・八	『東宝記』
197	右京五条二坊	車持朝臣若足○	正八位上		天平宝字五（七六一）十一・二十七	「大和国十市郡池上郷屋地売買券」（大4-520～522）
198		岡連泉麻呂○	正六位上			「貢進仕丁歴名帳」（大25-91～95）
199		檜前村主阿古麻呂				「貢進仕丁歴名帳」（大25-91～95）
200		小野朝臣則世○	正六位上		康保五（九六八）六・八	『東宝記』
201		小野朝臣吉則			康保五（九六八）六・八	『東宝記』

	本貫	氏名	位階・身分	職	年月日	典拠
202	右京五条三坊	岡屋君大津万呂○	白丁		天平二十（七四八）四・二十五	「写経所解（案）」（大3-78～81）
203		岡屋君石足	白丁	＊未選舎人	天平二十（七四八）四・二十五	「写経所解（案）」（大3-78～81）

註・京貫記事を除いた、五条以北に本貫をもち、かつ正六位上以下のものを抜粋した（ただし、戸主が五位以上の場合は、戸口が六位以下でも載せず）。
・人名の後ろの○は戸主を示す。
・職業で＊のあるものは、中村順昭「律令制下における農民の官人化」（『律令官人制と地域社会』吉川弘文館、二〇〇八年、初出一九八四年）の表1を参照した。
・正倉院文書の文書名は、基本的に正集から続々修七帙までは『正倉院文書目録』（東京大学出版会）に、続々修八帙から四十四帙までは『大日本古文書』にしたがった。
・大→『大日本古文書』　平→『平安遺文』

史料1「写疏所請綺緒紙解(32)」

泳　冰宿禰金弓年廿二左京一條一坊戸主従八位下冰宿禰廣万呂口戸

写疏所　　請綺緒四丈八尺四寸

（中略）

右、間所仰疏等緒請如レ前、以解、

天平十七年十二月廿一日阿刀酒主

史料1は、間写経の綺緒紙を請求した写疏所解で、冒頭一行目の書きかけの文に抹消符をつけて書き始められている。この抹消部分に左京一条一坊戸主である従八位下の冰宿禰広万呂と、その戸口の冰宿禰金弓がみえる。

冒頭の抹消部分について、福山敏男氏は「左京一条一坊とは宮城の地となり、甚だ解しがたい。或いは北辺の存在を考ふべきであろうか。しかし天平十七年頃に於ける北辺の存在を徴すべき何等の史料も見い出されない今日、唯、疑問として置く外ない」と述べ[33]、山下信一郎氏は、本文は抹消され、同坊は宮内でもあり不審と述べる[34]など、これまで、抹消された一行目の文書について論究されることはなかった。そこでまず、一行目の文書の性格を検討する。

史料1は、天平十七年（七四五）十二月二十一日付の「写疏所請綺緒解」が三次文書で、裏に書かれた同年十二月十五日以前に出されたとみられる「写一切経所解案」が二次文書である。そして、表の抹消された一行目の文が一次文書で、書式から書きかけの優婆塞貢進文とみなされている[35]。

しかし、一行目の冒頭の「泳」のあと、（明らかに一字目と異なる筆跡で）一字ほど開けて氷宿禰金弓の姓名・年齢・本貫が書きはじめられている。優婆塞を貢進する際に中央官司機構に提出された文書であれば、このような不備があるはずがない。このことから、一次文書が優婆塞貢進文とは判断しがたい。それでは、一次文書はどのようなものだったのだろうか。

中林隆之氏は、優婆塞（夷）貢進文と捉えられてきた文書群を再検討し、書き損じた数字・姓名の記載の訂正、抹消などが散見することから、鬼頭清明氏がB類と分類した優婆塞（夷）貢進文（被貢進者の姓名・年齢・本貫のみの簡略な記載のもの[36]）の大半が、中央官司に提出された文書ではないことを指摘した[37]。そして、料紙の右端にきわめて寄せて書かれ、料紙の半分以上が余白になっているのは、多数の追記を予想した使用形態であり、造東大寺司政所（もしくはその前身機構）によって作成された文書であることを明らかにした[38]。

写真をみると、史料1の一次文書も、料紙の右端に寄せて書かれ、半分以上が余白であり、そこに三次文書の「写疏所請綺緒紙解」が書かれている。さらに、天平十七年十二月十五日以前に作成されたことを踏まえると、造東大寺司政所の前身機構によって作成された文書と考えられる。

ただし、天平十七年五月以前に書かれたものならば、恭仁京（もしくは難波京）が「京」であり、左京一条一坊に宮城が置かれていなかったため、広万呂と金弓の本貫が左京一条一坊であっても問題はない。

しかし、造東大寺司政所の前身機構によって作成された文書群で年紀が明らかなものは、すべて天平十七年九月である[39]。このことから、この文書群と同じ性格を持つ一次文書も天平十七年九月ごろに書かれた可能性が高い。したがって、左京一条一坊は平城宮所在坊と推察され、そこに従八位下の下級官人とその戸口が貫附されていたことが認められる。

史料2「某郷長解写[40]」

□長解　申売買家地立券文事

（中略）

右、得二左京二条一坊戸主石川朝臣真主戸口同貞子状一偁、己祖地矣、以二稲弐佰肆拾束一充二価直一、常地与二売右京四条二坊戸主従七位上守少判事紀朝臣春世一既訖。望請、依レ式立二券文一、但従来祖地無レ有二本券一者。長依二欵状一覆勘、所レ陳有レ実、仍勒二売買両人幷保證署名一、立券文、申送如レ件。以解。

（中略）

貞観十二年四月廿三日郷長

（後略）

史料2は、貞観十二年（八七〇）に石川朝臣貞子が紀朝臣春世に祖地を売却した際に作成された売券である。これには、平安宮が所在する左京二条一坊戸主の石川朝臣真主と、その戸口の石川朝臣貞子がみえる。

同史料の「左京二条一坊」については、宮城のある坊に居住もしくは家地を有していたことはあり得ないことから誤記（写）とみなす見解[41]や、平安京ではなく平城京の左京二条一坊とみる見解がある[42]。

しかし、『続日本後紀』承和十二年（八四五）二月己卯（二日）条には、

和泉国日根郡人戸主正六位上春世宿禰嶋公、（中略）貫二右京二条一坊一。

と、「右京二条一坊」への京貫記事がある。性格が異なる二つの史料で、宮城が所在する二条一坊が京戸の本貫としてみえることは、決して看過できない。

また、後者の見解を提示した舘野和己氏は、「大和国添下郡京北班田図」の口分田の項に「左京人」「右京人」「当都人」（当郡人の誤り）ごとに口分田面積の内訳が記載してあることから、平安時代においても、平城京の「左京人」「右京人」と、京戸としての掌握が行われていたと理解する。そして、『日本三代実録』貞観四年四月十一日己酉条・五月四日辛未条・十月二日丁酉条で、大和国が左右京の絶戸を申請したが、百姓の愁により「編戸如レ旧」としたとあるのを、再び平城京の左右京に編戸したと解釈し、平安京に遷ったあとも、平安京の左右京戸とは別に平城京の左右京戸が存在していたと考える[43]。

しかし、「大和国添下郡京北班田図」の口分田の項に「左京人」「右京人」とあるのは、「摂津国租帳」[44]の口分田の項に京戸田として「左京」「右京」とみえるのと同様、平安京の京戸のことを指すと解される。また、北村優季氏は、平安京の時代に他の京を指す場合は、平城・長岡などの固有名、ないしは「旧京」とことわることが一般的であり、貞観四年条の「左右京絶戸」も強引に平城京の存在と結びつける必要はなく、大和国に居住した「京戸」に対して、同国が絶戸であることを摘発したものと考える[45]。

さらに、平安時代に平城京の京戸がいた場合、例えば、右京四条二坊戸主は平安京と平城京にそれぞれ存在してい

るため、売券上で何らかの区別をしなければ、どちらの京の戸主だかわからなくなる。しかし、『平安遺文』所収の売券にみえる京戸の本貫は、管見の限りそのような区別はなく、すべて「○京○条○坊」と記されている。

加えて、「京」は首都のみにしかれた行政区域であり、京戸とは「京」に貫附された人間である。そのため、「京」という行政区域が移動すれば、京戸の実際の居住地が旧京にあろうとも、本貫は「京」が移動した新京になる。このことから、平安京遷都以降の売券に「○京○条○坊」とみえる人物は、すべて当代の「京」である平安京の京戸と考えられる。したがって、史料2の「左京二条一坊」は誤記ではなく、平安京の左京二条一坊と解される。

史料2の左京二条一坊戸主の真主の位階は不明だが、承和七年（八四〇）の「阿波国司解(46)」と同九年の「因幡国司解(47)」には、正六位上の「使東大寺別当内豎」とあり、東大寺荘園の検田を行なっていることがみえる。その後の動向は不明で、五位に至った可能性も否定はできないが、六国史に一度もその名がみえないことからすると、そこまで到達せずに下級官人のままであったと推察される。また、戸口の貞子は名前から女性と考えられる(48)。

以上から、平安宮が所在する左京二条一坊を本貫とする下級官人とその戸口の存在が認められる。

史料3「左京土師吉雄田地売券(49)」

□左京一条一坊戸主従六位上刑部正永戸口土□（師）宿□□（禰吉）雄辞状偁、件地以二貞観銭弐貫伍佰文一充二価直一、沽二与左京三条二坊戸主外従五位下善淵朝臣真鯨戸口同姓弘岑一既畢。望請、依レ式立二券文一者。依二辞状一覆審、所レ陳有レ実、仍勒二売買両人幷保證署名一、申送如レ件。以解。

（中略）

貞観十八年三月七日

（後略）

史料3は、貞観十八年に土師宿禰吉雄が善淵朝臣弘岑に土地を売却した際に作成された売券である。史料3でも、平安宮が所在する左京一条一坊を本貫とする刑部正永と土師吉雄がみえる。戸主の正永は従六位上の下級官人であり、戸口の吉雄は売券に官位が記載されていないことから、白丁であった可能性が推察される。

以上、八世紀前半から下級官人と白丁が左京の宮城所在坊に貫附されていることが明らかとなった。さらに、前掲の『続日本後紀』の右京二条一坊への京貫記事や康保五年（九六八）六月八日太政官符に[50]「良峰朝臣尚材年　右京一条一坊戸主正六位上同姓高岑戸口」とあることから、右京の宮城所在坊にも下級官人の戸が貫附されていた。したがって、左京と同様に右京の宮城所在坊も下級官人や白丁の貫附地であったと考えられる。

二　宮城周辺坊

五位以上の者は、京内に一町以上の宅地が班給され[51]、京内への居住が強いられた。平城京の一町以上の大規模宅地は、宮城に近い五条以北に所在したことが指摘されている。近年、平城京の五条以北でも宮城から距離のある右京二条三坊や左京五条四坊などで小規模宅地が検出されたことから、五条以北でかつ宮城から「同心囲帯状」に大規模宅地が配されていたことが明らかとなった[52]。

ところが、大規模邸宅が検出されている宮城周辺坊は、下級官人や白丁の本貫であった（表3）。例えば、写経所が経師を一括して貢進した天平二十年四月五日付の「写書所解（案）申願出家人事」[53]には、

无日置造蓑万呂　年卅六　左京三條三坊戸主日置男成戸口　労三年
无倭史人足　年廿二　左京一條二坊戸主倭史真首名戸口　労三年

坊舎人無位石村部能（熊カ）鷹　年廿五　労七年／左京一條三坊戸主新田部真床戸口

と、左京三条三坊戸主の日置造男成、左京一条二坊戸主の倭史真首名、左京一条三坊戸主の新田部真床がみえ、いずれも位階の記載がないことから白丁であったと推察される。[54] また、同文書の経師で官位の記載がない者は天平二十年四月時点で未選舎人ないし里人であったと考えられ、[55] 戸口の日置造蓑万呂と倭史人足も白丁であった。

　このなかでも、倭史真首名と人足の本貫である平城京左京一条二坊は、一～八坪までの八町が平城宮で、十一～十四坪までの四町が法華寺であった。法華寺は、元々は藤原不比等邸で、不比等の死後に皇后宮となり、天平十三年には法華寺が建立された。[56] このように、天平二十年の時点で左京一条二坊は十六町のうち十二町が平城宮と法華寺によって占められており、平城京の一等地であった。

　ところが、この坊を本貫とする下級官人や白丁は八世紀後半にもみえる。

史料4「画師等歴名（案）[57]」

西南角領解　申画師等歴名事

（中略）

少初位上画師浄足　　　　少初位上丈部臣葛嶋

（中略）

右十七人、画師司人

（中略）

丈部臣濱主　年十七／左京一條二坊戸主丈部臣葛嶋戸口

（中略）

右四人、里人

天平勝宝九歳四月七日坂合部蓑万呂

まず、史料4は、天平勝宝九歳（七五七）の「画師等歴名（案）」で、左京一条二坊戸主の丈部臣葛嶋が少初位上の画工司の画師と記載されている。また、戸口の丈部臣濱主は里人の画師と記されていることから、白丁であった。史料4には、他にも京戸の画師がみえるが、その本貫は右京九条一坊、右京六条三坊、右京八条四坊、右京九条四坊と宮城から離れた坊である。このことから、葛嶋が画師であることと、左京一条二坊が本貫であることの関連性は見出せない。

史料5「藤原種嗣（種継）校生貢進啓」(58)

貢

校生坂本朝臣松麻呂左京一条二坊人

右人、東大寺造奉一切経欲レ預二校生一、仍注二事状一、以啓、

宝亀四年十二月十四日

近衛員外少将藤原朝臣「種嗣」（自署）

次に、史料5は、宝亀四年（七七三）に藤原種継（種嗣）が坂本朝臣松麻呂を東大寺造一切経の校生として貢進した文書である。松麻呂の本貫は左京一条二坊であるが、位階・肩書等の記載がなく白丁であったと考えられる。白丁である松麻呂の本貫がこのような一等地なのは、種継との何らかの関係によるものという可能性もあるが、佐々木恵介氏は、種継の地位の高さ(59)に対し、松麻呂は白丁であり、双方に面識があった可能性を全く否定することはできないものの、ごく常識的にみれば、松麻呂が直接種継に推挙を依頼したとは考えにくく、被貢進者と地位の高い貢進者を

介する（場合によっては複数の）人物が存在したと指摘する。[60] その説にしたがえば、松麻呂の本貫が左京一条二坊であったのは、有力貴族との関係によるものではなかったと考えられる。

さらに、平安時代でも、宮城周辺坊を本貫とする下級官人と白丁がみえる。例えば、宮城と朱雀大路に隣接する左京三条一坊の戸主である犬甘千麻呂と葛野宮継（表3-36・37）は、史料に官位の記載がみえず、白丁であったと考えられる。

また、延喜十六年（九一六）の「検非違使勘申」[61]には、平安宮の東隣の左京二条二坊を本貫とする県犬養永基が白丁とみえ、その父県犬養宿祢房実は同坊戸主で正六位下とあり、下級官人であった（表3-22・23）。したがって、冷然院や陽成院などの離宮が置かれていた左京二条二坊にも、[62] 下級官人が貫附されていた。

以上のように、京内離宮や貴族の邸宅などがおかれた宮城周辺坊も下級官人や白丁の戸の本貫であったことが認められるが、それは職業や有力者との関係によるものではなかった。[63]

三　坊の連続性

また、奈良時代と平安時代に同じ坊に本貫を持つ氏族が認められる。

（a）左京六条一坊戸主従八位下石川朝臣今成
「長岡京六条令解」（『平安遺文』四号、延暦七年）

（b）左京六条一坊戸主正六位上石川朝臣円足
「雄豊王家地相博券文」（『平安遺文』四二号、弘仁七年）

（c）左京六条一坊戸主従五位下石川朝臣宗益

「石川宗益家地売券」（『平安遺文』七〇号、承和八年）

（d）左京六条一坊戸主従七位下石川朝臣真高

「石川瀧雄家地売券」（『平安遺文』一六六号、貞観十四年）

（e）左京六条一坊戸主従八位下宗岳朝臣利行

「大和国矢田郷長解」（『平安遺文』一七三号、元慶三年）

右に示したように、（a）では、長岡京が「京」であった延暦七年（七八八）に石川朝臣今成の本貫が左京六条一坊とある。そして、（b）～（d）から、平安京遷都後も引き続き、左京六条一坊を本貫とする石川朝臣氏の戸が認められる。石川朝臣氏は、元慶元年（八七七）に宗岳朝臣氏に改姓しており[64]、元慶三年に宗岳朝臣利行も左京六条一坊が本貫であったことが確認できる（e）。このことから、八世紀後半から九世紀後半まで左京六条一坊を本貫とする石川朝臣氏の戸が存在したことが指摘でき、長岡京から平安京への遷都を経ても石川朝臣氏の本貫は変わらず連続性があった。

また、『続日本後紀』承和十年正月甲辰（十五日）条には「右京職言、近江国坂田郡人尾張連継主祖父比知麿、三條三坊人也。而父秋成、偏随二母居一、已附二外籍一者。継主一人、男一人、删二改辺籍一。貫二附三条三坊一」と、近江国坂田郡の人である尾張連継主が、祖父の尾張連比知麿が右京三条三坊を本貫とする京戸であったため、同坊に貫附されたとある。天平五年の「右京計帳」[65]には右京三条の坊令として尾張連牛養がみえる。坊令は、基本的に部内の坊から任じられるため[66]、牛養の本貫は右京三条内の坊であったと考えられる。さらに、『新撰姓氏録』右京神別に尾張連氏が確認できる。渡辺晃宏氏は、平城京の京戸と『新撰姓氏録』にみえる平安京の京戸の本貫の比較から、平城京で左京に本貫のある氏族は平安京でも左京に、右京の氏族は右京に本貫があると指摘する[67]。このことから、牛養の本貫が右京三条三坊と想定するなら、尾張連氏も遷都を経ても本貫は変わらなかったことになる。

したがって、推測を重ねる形ではあるが、遷都しても京戸の本貫の坊は変わらず、連続性を持っていたと考えられる。

以上の検討から、宮城所在坊にも京戸が貫附され、そのなかには下級官人戸や白丁戸もあり、しかも、それは奈良時代前半から認められることから、宮城所在坊はこれまで論じられてきたような源氏や藤原氏の名誉的な貫附地ではなく、実質を伴うものであったといえる。したがって、宮城所在坊を含めた京内すべての坊が京戸の貫附地であったと考えられる。さらに、その本貫の坊は遷都後も変わることなく受け継がれており、連続性を有していた。

第三節　坊制の採用

一　本貫と居住地

前節では、居住不可能な宮城所在坊も京戸の本貫であることから、京内すべての坊が貫附地であったこと、遷都しても京戸の本貫は変わることがなかったことを解明した。これらの坊制の特徴は、日本が坊制を採用したことと大きく関わるものと考えられる。

しかし、京内すべての坊が京戸の本貫であったと考える時、一つの弊害がある。それは、これまでの研究で京戸の本貫は居住地と捉えられてきたことである(68)。

史料や発掘調査等により、平城京・平安京の宮城周辺坊には、離宮や大規模邸宅などが置かれていたことが明らかになっている(69)。

ところが、宮城所在坊や大規模邸宅が所在する宮城周辺坊は下級官人や白丁の本貫である。したがって、京戸の貫附実態と京内の宅地配置には齟齬が生じる。

京戸は、口分田が京外にあるため、戸口の一部だけが京内に居住していたことは、すでに北村氏により指摘されているところだが[70]、居住することが不可能な宮城所在坊が本貫の場合は、戸の構成員全員が本貫以外の場所に居住したと考えられる。したがって、京戸の中には、戸口すべてが本貫地とは別の場所に居住した（しなければならなかった）ケースが存在した。

また、宮城から「同心囲帯状」に等級づけられた宅地が配置されていたのは、宮城を頂点とした律令秩序、階層性を視覚的に表すためであった[71]。それにもかかわらず、宮城や貴族宅の隣に下級官人や白丁の小規模な家が存在していたとは考えがたい。したがって、宮城周辺坊を本貫とした下級官人戸や白丁戸も、戸口全員が本貫とは別の場所に居住していた可能性が想定される[72]。

加えて、『続日本後紀』承和十三年三月庚申（十九日）条には「大和国言、居二住山辺郡長屋郷一京戸左京三条一坊戸主犬甘千麻呂」と、左京三条一坊戸主の犬甘千麻呂が本貫ではなく大和国山辺郡長屋郷に居住していたことがみえる。この事例から、戸主であっても京内に居住していなかったことがわかる。

さらに、貞観四年に大和国に居住していた一一〇〇烟以上に対して京戸の復活が認められているが、それにともなって平安京へ移住した記載は一切みられない。このことから、一一〇〇余烟は大和国に居住したまま京戸と復帰したと考えられる。

したがって、京戸の中には、戸の一部だけでなく、戸主を含めた戸の構成員すべてが、本貫とは別の場所に居住していたケースが認められ、必ずしも京戸の本貫が居住地とはなり得なかったことが指摘できる。

二　京戸の把握・管理システム

では、本貫の坊に居住していない京戸はどのようにして京職に把握されていたのだろうか。『日本三代実録』元慶五年（八八一）十二月十九日癸巳条には、近江国に居住する永野忌寸真雄は祖父の長歳が承和四年に左京五条三坊に貫附されて以来、四十五年間毎年計帳を左京職に提出していたとある。このことから、現実の居住地がどこであろうとも、計帳手実を提出している限りは京戸であったことがわかる。(73)『類聚三代格』巻八調庸事所収、寛平三年（八九一）七月二日太政官符には、

於レ是、左右京職准二拠是法一、進二手実一日令レ貢二調銭一。至二不レ進戸一必没二戸田一、号為二職写一以充二公用一。

とあり、左右京職は計帳手実が提出される時に調銭の徴収も行っていた。しかも、同太政官符には「国例計帳之日、不レ進二手実一無レ備二調物一」とあり、「国」では計帳手実提出時に調の徴収は行われておらず、「京」独自の制度であった。ただし、これらは九世紀の事例であり、八世紀まで遡りうるものだったのかわからない。

しかし、『続日本紀』宝亀十年九月戊子（二十二日）条には、

勅曰、依二令条一、全戸不レ在レ郷、依二旧籍一転写。幷顕二不レ在之由一。而職検下不レ進二計帳一之戸上、無レ論二不課及課戸之色一、惣取二其田一、皆悉売却。（中略）厳加二禁断一。

とあり、京職が計帳手実未提出戸の口分田を没収し職写田とすることが禁止されている。北村氏は、延喜左右京職式によれば、左右京職では毎年六月一日から九月末までの期間に各戸から計帳手実を集めていたが、この時に同時に調銭（おそらく徭銭も）が徴収され、さらに兵士雇役制が定着する大同四年（八〇九）までは兵士の差点も行われており、左右京職の手実徴収が四カ月もの長い期間を要したのは、ひとつにはこうした税銭徴収の実務が平行して行われたためと考えられるが、このような方法では、手続不進の戸が存在した場合には、徴税もその時点で不可能となるた

め、左右京職ではその口分田を没して賃租に出し、それによって欠損を確保しようとしたと論じる(74)。つまり、北村氏の論にしたがえば、宝亀十年の段階で、計帳手実提出時に調・徭銭の徴税および兵士の差点を行うという制度が確立していたことになる。

『類聚三代格』巻一五校班田事所収、大同四年九月十六日太政官符には、

応レ授下居二住外国一京畿内百姓口分田上事

右、太政官去大同三年二月十六日下二伊賀等一十五国一符偁、被二右大臣宣一偁、奉レ勅、凡班二給口分一、理須レ由二本貫一。今聞、件百姓等、離二去郷邑一、就レ田居住。雖レ不レ闕二調徭一。

とあり（傍点、筆者）、外国、すなわち本貫以外に居住している京戸が調・雑徭を欠かさず納めていたことがわかる。このように、本貫以外に居住していた京戸が税を欠かさず納めることができたのは、実役ではなく銭納だったためと考えられる。徭銭は左右京のみの制度であり、京外に住む京戸がいるため、直接身役を課すには不便であるために取り入れられたと考えられる(75)。この制度がどこまで遡るかは不明だが、天平五年の「右京計帳」の別筆追記に「正丁一百廿」（於伊美吉子首戸手実）、「正丁一少丁四二百四十」（物部連族五百戸手実）とあり、徭銭を納めたことがみえる。徭銭は天平九年に全面停止されるが、『続日本紀』宝亀十年九月戊子（二十二日）条に「天平神護年中有レ格、外居之人聴レ取二徭銭一」とあり、天平神護年間に京外に居住する京戸には許された。

「右京計帳」には「輸調」「輸調銭」とあり、天平五年の段階で、「京」において調銭が行われており、大同四年六月十一日太政官符(76)に「正丁一人調徭亦一百文銭」とあることから、この間に京戸の調と雑徭は全面的に銭納へ移行したと考えられる。

さらに、『日本後紀』延暦十六年（七九七）二月甲申（二十八日）条には、

勅、（中略）今聞、京職多有レ収レ銭、事須下賎レ末貴レ本、一絶中収銭上、但恐民有二貧富一、不二必蓄一レ穀。宜レ聴二貧乏之徒進一レ銭。通計不レ得レ過二四分之一一。

とあり、京職に対して租税を銭で徴収することを禁止しているが、稲穀を蓄えることができない貧乏な京戸には銭納を許可することがみえる。この記事から延暦十六年に禁止されるまで多くの京戸が租も銭納していたことがうかがえる。(77)このことから、租税の銭納も計帳手実提出時に行われた可能性が想定される。また、大同四年六月十一日太政官符では、京戸が個人で兵士の代人を雇い派遣していることがみえる。(78)これは、雑徭と同様に本貫を離れて田に就いて居住する京戸自身が京に行かずにすむためのものであったと考えられる。そして、手実提出時に徴税が行われていたことを踏まえると、戸ごとに一括して租・調・雑徭の銭納が行われていたと推察される。

したがって、計帳提出時に徴税も行うという「京」独自の制度により、本貫地に居住していない京戸も京職に認識・把握されていたといえる。これにより、宮城所在坊など戸すべてが居住することができない坊に本貫がある京戸についても、京職は管理することができたと考えられる。

三　坊制の採用と「京」制の成立

だが、なぜ居住できない坊まで、京戸に貫附したのだろうか。

日本では、遷都の際、新宮・京域に元々居住する人間には補償を与えて立ち退かせていた。(79)『続日本紀』延暦四年五月癸丑（十九日）条では「又長岡村百姓、家入二大宮処一者、一同二京戸之例一」と、長岡宮域に入る長岡村の百姓を京戸とする措置がとられたが、このような事例は、長岡京遷都の時にしかみえず、元々の住人を京戸としたのは、特殊な政策であった。したがって、基本的に新宮・京域に遷都先で新たに京戸が設定されることはなく、一度京戸となった戸は、京戸として把握し続けられ、「京」が遷っても引き継がれた。このことから、京戸とは土地に付随した人民ではなく、「京」という行政空間に付随した民であったといえる。そして、この「京」という行政の特異性は首都空間そのものという点にある。そのため、首都が移動すれば「京」という行政空間もそのまま新京に移ったのである。

　これまでの研究では、日本古代の都は七世紀後半まで歴代遷宮が行われていたが、都城制を導入して藤原京が成立したことにより、日本の都は固定化されたと考えられてきた(80)。さらに、八世紀以降の遷都については、政治状況によると特殊なものとみなされ、七世紀後半までの歴代遷宮のような慣習にもとづくものではなかったと論じられてきた。たしかに、都城制の成立によって、代替わりごとの都の移動は行われなくなり、複数代にわたる都が出現した。

　ところが、都城制が導入された後も、六度の遷都が行われ、約十五～二十年間隔で、八つの都城が造営されている。しかも、これらは副都の難波京を除き、併存することはなかった。つまり、日本では都城制が成立した後も都が転々としているのである。このように、八・九世紀においても都が点々と移動していたのは、「都は遷るもの」という観念が、都城成立後も残っていたためと考えられる。そこで、つぎに八・九世紀の遷都観念について検討する。

史料6『続日本紀』和銅元年（七〇八）二月戊寅（十五日）条

詔曰、朕祗奉二上玄一、君二臨宇内一。以二菲薄之徳一、処二紫宮之尊一。常以為、作レ之者労、居レ之者逸。遷都之事、必未レ遑也。而王公大臣咸言、往古已降、至二于近代一、揆レ日瞻レ星、起二宮室之基一、卜レ世相レ土、建二帝皇之邑一。定鼎之基永固、無窮之業斯在。衆議難レ忍、詞情深切。然則京師者、百官之府。四海所レ帰。唯朕一人、独逸豫、苟利二於物一、其可レ遠乎。昔殷王五遷、受二中興之号一。周后三定、致二太平之称一。安以遷二其久安宅一。方今、平城之地、四禽叶レ図、三山作レ鎮、亀筮並従。宜レ建二都邑一。其営構資、須二随レ事条奏一。亦待二秋収一後、合レ造二路橋一。子来之義、勿レ致二労擾一。制度之宜、合二後不一レ加。

まず、史料6は、元明天皇が王公大臣の進言により、平城の地に遷都することを宣言した詔である。この詔は、『隋書』高祖紀の新都創建詔を範として作られたもので、傍線部分の字句は新都創建詔とほぼ同一である。しかし、そのなかで「往古已降、至二于近代一」「起二宮室之基一」という部分は、新都創建詔にみえないことから、日本の実態を表したものと解される。しかも、それを述べているのは「王公大臣」である。つまり、八世紀初頭において、諸王諸臣の間には、昔から今にいたるまで都は遷るもの、すなわち、遷都という観念が存在していたことがわかる。

史料7『日本後紀』大同元年七月甲辰（十三日）条

詔曰、比公卿奏、日月云除、聖忌将レ周、[a]国家恒例、就レ吉之後、遷二御新宮一。請預営構者、[b]此上都先帝所レ建、水陸所レ湊、道里惟均。故不レ憚二蹔労一、期以二永逸一、棟宇相望、規模合レ度。欲レ使二後世子孫无一レ所二加益一。朕忝承二聖基一、嗣二守神器一、更事二興作一、恐乖二成規一。（中略）朕為二民父母一、不レ欲二煩労一、思レ拠二旧宮一。礼亦宜之、卿等合レ知二朕此意一焉。於レ是、百官奉レ表拝賀曰、[c]亮陰之後、更建二新宮一、古往今来、以為二故実一。臣等准二拠旧例一、預請二処裁一。伏奉二今月十三日勅一偁、朕為二民父母一、不レ欲二煩労一、思レ拠二旧宮一。礼亦宜之。臣等忝聞二綸旨一、載喜載悲。誠以孝子充二成父志一、遂昌二堂搆一者也。凡厥百僚、幸々甚々。（後略）

この遷都という観念は九世紀においても確認できる。史料7は、公卿達の新宮造営の進言に対し、平城天皇が新宮の造営を行わないことを述べた詔である。[a]部分には、即位した天皇は「新宮」に遷るのが「国家の恒例」であること、[c]部分には、「新宮」を建てるのは「古往今来、以為二故実一」とある。[b]部分では、平城が「新宮」の造営を行わない理由として、「水陸所レ湊、道里惟均」すなわち、平安京の水陸交通の利便性・土地の平坦さをあげている。新宮の造営をしないことを宣言するであれば、平安京について言及する必要はない。このことから、史料7の「新宮」とは、単に新たな宮を指すのではなく、新京も含んでいるものと推察される。

史料7で、とくに注目されるのは、天皇に対して公卿および百官らが「国家恒例」（[a]部分）「古往今来、以為二故実一」（[c]部分）として遷都を進言していることである。これは公卿・百官の間に遷都という観念が存在していたことを示すものである。瀧浪貞子氏も、史料7について、天皇に意志さえあれば遷都が行われた可能性があること、しかもそれが、天皇の恣意といったものではなく、「国家の故実」と観念されていたことを指摘している。[81] したがって、平安京に遷都した後も、遷都は国家の恒例・故実として認識されており、九世紀においても遷都については潜在的な可能性があったといえる。[82]

史料8『日本後紀』弘仁元年（八一〇）九月丁未（十日）条

縁二遷都事一、人心騒動。（中略）詔曰、天皇詔旨良麻止。勅御命乎親王・諸王・諸臣・百官人等天下公民衆聞食止宣、（中略）又先帝乃万代宮止定賜閇流平安京乎、棄賜比停賜弖之平城古京尓遷左牟止奏勧弖、天下乎擾乱、百姓乎亡弊。（中略）又遣レ使告二于柏原陵一曰、（中略）又万代宮止定賜之平安京乎毛、棄賜比停賜弖之平城古京尓遷左牟止奉レ勧弖、天下乎擾乱、百姓乎亡弊。（後略）

さらに、史料8は平城上皇が平城京に遷都しようとしたことで、人心が騒乱したため、嵯峨天皇が平安京こそが万代宮であると宣言した詔である。このなかで、嵯峨天皇は、わざわざ親王から百官人、そして天下の公民に対してまで、平安京が「万代宮」、すなわち恒久の都であると明言している。換言すれば、当時、都が移動することは、人々の間で自明視されていたと断ぜられ、九世紀初頭まで遷都という観念が存在していた。[83]

このように、八世紀から九世紀初頭まで遷都という観念は存在し続けていた。都城制の導入によって、歴代遷宮は行われなくなったが、そのことは簡単には失われず、遷都は国家の恒例・故実とされた。それにより、都城制導入後も都が固定されることはなく、八世紀の都は転々とし続けていたと考えられる。[84] したがって、遷都という固有の観念がある日本では、律令制を導入する際、遷都をしても、都の行政運営を滞らせないシステムが必要不可欠であったのである。

先述したように、京戸とは土地に付随した人民ではなく、「京」という行政空間に付随した民であり、「京」が遷っても引き継がれた。居住することが不可能な宮城所在坊を含めた京内すべての坊が京戸の貫附地であり、遷都しても本貫の坊は変わらない、という坊制の特徴に鑑みれば、すべての坊が京戸の本貫地であったのは、宮城が新京のどの坊に設置されても、新たに行政単位して坊を再編させる必要はなく、行政単位としての坊をそっくりそのまま新京へ遷すためと推察される。遷都しても本貫の坊が同じであった石川朝臣氏などの事例はこのことを裏づける。つまり、基本行政単位を戸数にもとづく里ではなく、土地区画にすることにより、都の行政の再現性を持たせたのである。

平城京以降の京の坊数をみると、平城京は基本九条八坊であり、そこに外京と奈良時代後半に造られた北辺坊がある。このうち、外京は大規模寺院などの用地と考え、北辺坊とともに除くと、平城京の坊数は七十二坊になる。現段階では恭仁京と難波京の条坊数は不明だが[85]、長岡京と平安京も九条八坊で、京内の坊数は七十二坊である[86]。したがって、平城京以降坊数が同じだったことは、遷都に際して行政単位としての坊の移動が行われたことの傍証になろう。

藤原京は、現在十条十坊案が有力だが、想定京域すべてに坊がしかれてはおらず、大和三山をはじめ、香久山南東に広がる丘陵地帯には条坊の痕跡はまったくない[87]。加えて、飛鳥浄御原令制下の都であり、左右京にも分かれていなかったため[88]、平城京を造営した際、構造に大きな改変があったと考えられる。

また、『日本書紀』天武十四年（六八五）三月辛酉（十六日）条に「京職大夫直大参許勢朝臣辛檀努卒」とあり、『続日本紀』養老元年（七一七）正月己未（十八日）条にも「中納言従三位巨勢朝臣麻呂薨。（中略）飛鳥朝京職直大参志丹之子也」とみえることから、七世紀後半には京職が置かれ、「京」も成立していたと考えられる。

さらに、四坊を管理する坊令についても、『令集解』戸令4取坊令条所引跡記には「八位以下、謂至二七位一者令レ替。古記同也」とあり、同条所引古記にも「問、八位以下、情願者聴、有レ限不。答、内八位以下聴也」とあることから、『大宝令』は養老戸令4条と同じく「正八位以下」の者から坊令を取ることが規定されていたことがわかる。ところが、『日本書紀』大化二年正月甲子朔条には、「其坊、令取下坊内明廉強直、堪二時務一者上充」とある。このことから、改新詔条の「坊内」という語は、大宝令施行以前の坊令の任用規定を反映したものと考えられる。したがって、坊令は、七世紀後半には創出され、四坊という行政単位も存在していたと考えられる。そして、その基層的行政単位である坊も、『続日本紀』文武三年（六九九）正月壬午（二十六日）条に「京職言、林坊新羅女牟久売一産二二男二女一」とあり、大宝令施行以前の藤原京において、坊による京戸の把握が行われていた。したがって、京—四坊—坊からなる「京」の行政体系は、大宝令以前の藤原京において確立していたと推察される。

　以上、日本では都城制が導入され、歴代遷宮が行われなくなっても、遷都観念は「国家の故実」「旧例」として生き続けており、それゆえに、遷都を行なっても首都の行政を滞らせない制度が求められた。そこで、日本では戸数にもとづく里ではなく土地区画である坊を「京」の基本行政単位に採用した。それにより、空間相互の位置関係を維持しながら、「京」という独立した行政区画を移動することができ、戸籍や計帳、徴税などの行政の連続性を保つことが可能になった。つまり、土地区画である坊を「京」の基本行政単位とすることで、遷都の際、改めて貫附しなおすことなく、坊を旧京そのまま新京へ移すことができた。これにより、首都の行政に再現性を持たせ、「京」の行政運営の連続性を維持したと考えられる。

むすび――日本古代における都城行政――

本章では、日本の「京」において坊制という独自の行政制度がとられた要因について究明を試み、それを踏まえて「京」制が成立した背景を明らかにした。

まず、日本の坊は、都だけにしか造られず、坊にとって本来最も重要な住民を閉じ込めるという治安維持機能の構造も継受しなかった。このことから、日本では、宅地班給などの基準となる土地区画と首都における最小行政単位という二つの側面から坊が継受されたことがわかる。

そして、里制との比較から、坊は里と異なり戸数と対応関係にないため、徴税量の予測・計算ができないこと、「京」だけ里を基本行政単位としなかったことで戸数の積み上げ方式の行政体系がとられなかったことを踏まえると、里制、すなわち戸数にもとづく行政単位では、首都の行政運営を行う上で何らかの差し障りがあったため、土地区画である坊制をとったことが想定されるのである。

次に、宮城所在坊を含めた京内のすべての坊が京戸の貫附地であり、宮城所在坊および周辺坊も下級官人や白丁の本貫であり、遷都しても本貫の坊が変わらなかったという坊の貫附実態を明らかにした。

日本では、都城制が成立し歴代遷宮が行われなくなっても、その概念は失われることはなく、遷都は九世紀初頭まで「国家の故実」「旧例」として存続していた。そのため都城制が導入されても都は固定されることなく転々としていた。このような遷都という観念がある日本では、都が遷ってもその行政運営を滞らせないシステムが必要不可欠であり、京―四坊―坊という日本独自の首都の行政体系が生まれた。そして、京域自体を国と同等の行政区域とした上で、土地区画である坊を「京」の基本行政単位とし、遷都しても、坊という行政ユニットをそっくりそのまま新京へ移すことができ、「京」の行政の再現性を持たせることを可能にした。これにより、空間相互の位置関係を維持しながら、「京」という独立した行政区画を移動することができ、戸籍や計帳、税の徴収などの行政管理の連続性を保つことを可能にした。したがって、日本では、首都である「京」における円滑な政治・経済運営の連続性を維持するために、戸数にもとづく里ではなく土地区画である坊を基本行政単位として採用した。まさに、日本固有の都の特質である歴代遷宮から続く遷都という観念が、「京」制という行政区画を創出し、京―四坊―坊という日本独自の首都の行政構造を生み出したのである。

註

（1）首都という語は、近代都市や近代国家の概念によるものだが、平城遷都の詔に「帝皇之邑」「京師者、百官之府」とみえることから、日本古代において天皇の居住する宮城と中央政府が置かれた一国の中心となる都を首都と定義する。

（2）第Ⅱ部第四章。

（3）岸俊男「日本古代における「京」の成立」（『日本古代宮都の研究』岩波書店、一九八八年、初出一九八二年）四四五―四四六頁。

（4）吉田孝「律令制と村落」（『岩波講座　日本歴史3　古代3』岩波書店、一九七六年、一七六頁）。また、前掲註（3）の岸氏の見解を受け、日本の律令国家が、「京―条―坊」を「国―郡―里」と並列する行政区画としたことにともなうもので、日本の古代の都市が、きわめて政治的な色彩の強かったことに対応すると述べる（吉田孝「編戸制・班田制の構造的特質」『律令国家と古代の社会』岩波書店、一九八三年、二〇〇―二〇一頁）。

（5）浅野充「律令国家における京戸支配の特質」（『日本古代の国家形成と都市』校倉書房、二〇〇七年、初出一九八六年）一〇八頁。

(6) 坂上康俊「唐代の都市における郷里と坊の関係について」（東北亜歴史財団編『東北亜歴史財団企画研究51　8世紀東アジアの歴史像』東北亜歴史財団出版部、二〇一一年）五五〇―五五一頁。

(7) 宮崎市定「漢代の里制と唐代の坊制」（『宮崎市定全集7　六朝』岩波書店、一九九二年、初出一九六二年）九四―九七頁。

(8) 朴漢濟「北魏洛陽社会と胡漢体制―都城区画と住民分布を中心―」（『お茶の水史学』三四号、一九九一年）七二頁。

(9) 『南斉書』巻五七魏虜伝。

(10) 『魏書』巻八世宗紀、景明二年（五〇一）九月丁酉条。

(11) 北村優季「日唐都城比較制試論」（『平城京成立史論』吉川弘文館、二〇一三年、初出一九九二年）一六四頁。

(12) 前掲註（8）朴漢濟「北魏洛陽社会と胡漢体制―都城区画と住民分布を中心―」七二頁。

(13) 前掲註（7）宮崎市定「漢代の里制と唐代の坊制」一〇〇頁。

(14) 『唐六典』巻三戸部郎中員外郎条「両京城及州県之郭内分為レ坊、郊外為レ村」。

(15) 「大宰府兵馬所解案」（『平安遺文』三一〇号）などから、十世紀の大宰府の左右郭内には坊の存在が認められるが、行政単位ではなく、方格地割の名称と考えられる。

(16) 『長安志』巻七「朱雀街東第一坊、東西三百五十歩。第二坊東西四百五十歩。次東三坊東西各六百五十歩。朱雀街西准レ北。皇城之南九坊、南北各三百五十歩。皇城左右四坊、従レ南第一第二坊、南北五百五十歩。第三坊第四坊、南北各四百歩。両市各方六百歩。四面街各廣百歩」。

(17) 妹尾達彦「都市生活と文化」（魏晋南北朝隋唐時代史の基本問題編集委員会編『魏晋南北朝隋唐時代史の基本問題』汲古書院、一九九七年）三七六―三八〇頁。

(18) 平城京は分割地割条坊のため、実際には大路に面した坊がやや面積が小さいが、造営方法の問題であり、プラン上は同一の構造・規模の坊として造られた。

(19) 『資治通鑑』巻二五四、唐僖宗中和元年（八八一）八月条胡三省注「長安城中百坊、坊皆有レ垣有レ門」。

(20) 岸俊男「難波宮の系譜」(『日本古代宮都の研究』岩波書店、一九八八年、初出一九七七年) 三四四—三四七頁。
(21) 北村優季「律令都市」(『平安京—その歴史と構造—』吉川弘文館、一九九五年、初出一九九二年) 二三五—二三六頁、寺崎保弘「古代都市の成立」(『藤原京の形成』山川出版社、二〇〇二年) 一一—一三頁。
(22) また、『令集解』戸令4取坊令条所引跡記には「八位以下、謂至二七位一者令レ替。古記同也」とある。
(23) 前掲、第Ⅱ部第四章。
(24) 浦田明子「編戸制の意義—軍事力編成との関わりにおいて」(『史学雑誌』八一—二、一九七二年) 五〇～五三頁。
(25) 佐々木恵介「律令里制の特質について—日・唐の比較を中心として」(『史学雑誌』九五—二、一九八六年) 四一頁。
(26) 『唐令拾遺』戸令一乙条〔開七〕・戸令一丙条〔開二五〕。
(27) 『唐令拾遺』戸令三甲条〔武〕、三乙条〔開二五〕、戸令二甲条〔武〕・二乙条〔永〕、『唐令拾遺補』戸令二丙条〔開二五〕。
(28) 養老戸令2定郡条。
(29) 『類聚三代格』巻五加減諸国官員幷廃置事所収、仁壽三年(八五三)六月八日太政官奏。
(30) 福山敏男「平城京及び平安京の一條一坊」(『建築史』第四号第三巻、一九四〇年) 七三頁、市川理恵「京戸に関する一試論」(『古代日本の京職と京戸』吉川弘文館、二〇〇九年、初出二〇〇三年) 二〇八頁。また、井上満郎氏も瀧浪氏の書評のなかで、福山氏の名目的なものという説以外ないように思うと述べている(井上満郎「書評　瀧浪貞子著『日本古代宮廷社会の研究』(思文閣史学叢書)」『史学雑誌』一〇一—一、一九九三年、一一四頁)。
(31) 瀧浪貞子「初期平安京の構造—第一次平安京と第二次平安京—」(『日本古代宮廷社会の研究』思文閣出版、一九九一年、初出一九八四年) 三八四頁。
(32) 『大日本古文書』八—590～591。
(33) 前掲註(30)福山敏男「平城京及び平安京の一條一坊」七一頁。
(34) 山下信一郎「宅地の班給と売買」(古代都城制研究集会実行委員会編『古代都城制研究集会第三回報告集　古代都市の構造と展開』奈良国立文化財研究所、一九九八年) 二〇九頁。

(35)　武井紀子「正倉院文書写経機関関係文書編年目録―天平十七年―」(『東京大学日本史研究室紀要』第一三号、二〇〇九年)一五一頁。
(36)　鬼頭清明「天平期における優婆塞貢進の社会的背景」(『日本古代都市論序説』法政大学出版局、一九七七年、初出一九七二年)一〇一頁。
(37)　中林隆之「優婆(塞)夷貢進制度の展開」(『正倉院文書研究』一巻、吉川弘文館、一九九三年)六〇―六一頁。
(38)　同前。
(39)　丹裏文書外包七〇号(裏)(『大日本古文書』二五―125)、同七八号(裏)(『大日本古文書』二五―131)、同一二八号(裏)(『大日本古文書』二五―164〜165)。
(40)　『平安遺文』一六三号。
(41)　前掲註(31)瀧浪貞子「初期平安京の構造―第一次平安京と第二次平安京―」三九四頁。
(42)　舘野和己「平城京その後」(門脇禎二編『日本古代国家の展開』思文閣出版、一九九五年)三〇六―三〇七頁。
(43)　前掲註(42)舘野和己「平城京その後」三〇六―三〇七頁。
(44)　『平安遺文』補四六号。
(45)　北村優季「京戸の法制史」(『平安京―その歴史と構造―』吉川弘文館、一九九五年)八〇―八一頁。
(46)　『平安遺文』六六号。
(47)　同、七二号。
(48)　六国史にみえる「貞子」は、貞子内親王(淳和天皇女)、藤原貞子(仁明天皇女御)、佐伯貞子(東宮侍女)、貞子女王、安倍貞子、源貞子(清和天皇女御)など、いずれも女子名である。
(49)　『平安遺文』一七一号。
(50)　『東宝記』第八僧宝下　真言宗年分度者。
(51)　『日本書紀』持統五年(六九一)十二月乙巳条。

(52) 森田恵介「京内宅地の様相と住民」(『季刊考古学』第一一二号、二〇一〇年)五七―五八頁。

(53) 『大日本古文書』三―78〜81。

(54) 「写書所解(案)」(『大日本古文書』三―78〜81)に

　　次田連麻佐毗年廿五 右京七条三坊戸主正八位上次田連東万呂戸口 労二年

　　山部宿禰針間万呂年卅五 左京八条一坊戸主正六位下山部宿禰安万呂戸口 労一年

とあるように、有位の戸主の場合には位階が記載された。

(55) 北村優季「京戸について―都市としての平城京―」(『平城京成立史論』吉川弘文館、二〇一三年、初出一九八四年)一〇六頁。

(56) 『続日本紀』天平十七年(七四五)五月戊辰条、天平神護二年(七六六)十月壬寅条。

(57) 『大日本古文書』四―227〜228。

(58) 同、二二―371〜372。

(59) 宝亀五年正月七日に、藤原種継は従五位下から従五位上になる。

(60) 佐々木恵介「正倉院文書中の経師等貢進文について」(『正倉院文書研究』第一二巻、吉川弘文館、二〇一一年)五〇頁。

(61) 『政事要略』巻八一、糺断雑事。

(62) 『日本紀略』天長七年(八三〇)正月庚辰条。

(63) 近江俊秀氏は、同系氏族内に有力者がいたため、宮城近辺の一等地の坊が、下級官人や白丁の京戸の居住地(貫附地)であったと考える(近江俊秀「平城京の宅地と居住者を考える」『平城京の住宅事情 貴族はどこに住んでいたのか』吉川弘文館、二〇一五年、二〇〇―二〇二頁)。だが、六条以南の坊を本貫とする下級官人や白丁の京戸にも同系氏族の有力者がいたはずであり、これが下級官人や白丁の本貫が宮城周辺坊であった要因だとは考えがたい。

(64) 『日本三代実録』元慶元年(八七七)十二月二十七日癸巳条。

(65) 『大日本古文書』一―481〜501、二四―16。

(66)『類聚三代格』巻四加減諸司官員幷廃置事所収、天長二年閏七月十日太政官符。
(67)渡辺晃宏「平城京の構造」（田辺征夫ほか編『平城京の時代』古代の都2、吉川弘文館、二〇一〇年）五二—五三頁。
(68)近江俊秀氏は、本貫＝居住地とみなして論を進めているため、平城京の居住地一覧表は、出典史料の坊が居住地、本貫としてみえたかについてはふれていない（近江俊秀「平城京の宅地班給と居住者」『古代都城の造営と都城計画』吉川弘文館、二〇一五年、初出二〇〇八年）。
(69)渡辺晃宏「平城京と貴族生活」（『岩波講座　日本歴史3　古代3』岩波書店、二〇一四年）一四八頁。
(70)前掲註（55）北村優季「京戸について—都市としての平城京—」一一五—一一六頁。
(71)前掲註（52）森田恵介「京内宅地の様相と住民」五七—五八頁。
(72)宅地班給により、京戸の京内の居住地が決められ、そこが本貫となった可能性も考えられるが、畿内や諸国に本貫がある官人も対象であったため、京戸以外も京内に宅地を班給されていた。さらに、宅地班給の除外地でみられる宮城所在坊にも京戸が貫附されていた。このことから、宅地班給と京戸の貫附が直接の関係にあったとは考えがたい。
(73)前掲註（45）北村優季「京戸の法制史」七二頁。
(74)前掲註（45）北村優季「京戸の法制史」六八—六九頁。
(75)前掲註（55）北村優季「京戸について—都市としての平城京—」九七頁。
(76)『類聚三代格』巻一八軍毅兵士鎮兵事所収。
(77)弘仁十九年に京戸の田租は完全に廃止される（『類聚国史』巻八三、弘仁九年八月丙子条）。
(78)『類聚三代格』巻一八軍毅兵士鎮兵事所収、大同四年（八〇九）六月十一日太政官符。
(79)『続日本紀』慶雲元年（七〇四）十一月壬寅条、和銅元年（七〇八）十一月乙丑条、同二年十月庚戌条、天平十四年正月壬戌条、宝亀元年（七七〇）正月乙亥条、延暦三年（七八四）六月丁卯条、『日本紀略』延暦十二年三月乙酉条。
(80)瀧浪貞子「歴代遷宮論—藤原京以降における—」（『日本古代宮廷社会の研究』思文閣出版、一九九九年、初出一九七九年）。
(81)前掲註（80）瀧浪貞子「歴代遷宮論—藤原京以降における—」三七九頁。

(82) 仁藤敦史「動かない都への転換」(『都はなぜ移るのか　遷都の古代史』吉川弘文館、二〇一一年)二三三頁。
(83) 仁藤敦史「都城の役割と変遷」(『都はなぜ移るのか　遷都の古代史』吉川弘文館、二〇一一年)二一頁。
(84) 八木充『古代日本の都―歴代遷宮の謎』(講談社、一九七五年)二〇七頁。
(85) 足利健亮氏は九条八坊(七十二坊)の恭仁京復原案を提示する(『日本古代地理研究　畿内とその周辺における土地計画の復元と考察』大明堂、一九八五年、初出一九六九・一九七〇・一九七三年)。
(86) 山中章「条坊制の変遷」(『日本古代都城の研究』柏書房、一九九七年、初出一九九三年)八三頁。
(87) 小澤毅「藤原京の造営と京域をめぐる諸問題」(『日本古代宮都構造の研究』青木書店、二〇〇三年)二五一頁。
(88) 前掲註(3)岸俊男「日本古代における「京」の成立」四五三―四五四頁。

第六章　日本古代における複都制とその特質

複都制とは、滝川政次郎氏の造語で、京もしくは都と称するものが二つ以上ある国家の制度である。[1] 複都制をとる国家では国王が常住する都と常住しない都が存在した。先行研究では、前者を「首都」や「主都」、後者を「陪都」や「副都」と称し、用語が混在している。本章では混乱を避けるため、国主が常住する都を「首都」、常住しない都を「副都」と称する。

複都制は、中国や高句麗・新羅・渤海などの主に東アジアの国家でとられ、日本では天武朝に導入されるが、天武の死後放棄された。その後、聖武朝に再び取り入れられ、八世紀後半まで存続した。唐・新羅の複都制は、政治・経済上の理由で複数の都が必要となりとられたものであったが、日本の副都に関する史料は少なく、どのような役割を有していたのか明確ではない。そのため、なぜ日本が複都制を取り入れたのかという問題については、今日においても解明されていない。

先行研究では、滝川政次郎氏が、単に唐への憧憬から複都制を取り入れただけで、政治・経済上に、古代日本には複都制は必要なかったという見解を提唱した。[2]

この滝川氏の見説に対して、仁藤敦史氏は、複都制の詔と同日に、文武官人と畿内有位人に対して、四孟月における朝参を命じる詔が出されていることに着目し、官人の集住の不徹底により複数の都を置き、そのいずれかに奉仕するという複都制を出現させたと指摘する(3)。

しかし、各地に分散していた豪族を首都に集住させることで天皇に直接仕える官僚へと転身させ、天皇を頂点とする中央集権制を確立させようとした七世紀後半に、複数の都のいずれかに分散的な奉仕をさせるために複都制をとったとは考えがたい。

また、舘野和己氏は、天武朝の複都制は主に内政と外交という国家の二つの機能を分担したものであり、聖武朝の複都制はその機能が不明確であることから、中国の模倣にすぎず、きわめて形式的なものであったと述べる(4)。

このように、日本古代の複都制がどのような機能と役割を有していたのかについては、未だ議論は決着していない。だが、日本の都城の展開と特質を明らかにするためには、複都制の役割を解明することが必要不可欠である。

そこで、本章では、日本における都城の展開を解明するために、まず日本の複都制について再検討を行う。そして、それを踏まえて、日本と同時代の唐・新羅の複都制との比較検討を行うことで(5)、日本の複都制の特質を明らかにする。

第一節　天武朝の複都制

まず、天武朝の複都制についてみていく。

史料1『日本書紀』天武十二年（六八三）十二月庚午（十七日）条

[a]又詔曰、凡都城宮室、非二一処一、必造二両参一。[b]故先欲レ都二難波一。[c]是以、百寮者、各往之請二家地一。

史料1は、天武十二年に出された複都制の詔で、ａ都城・宮室は一カ所ではなく、必ず二、三カ所造ること、ｂそのために、まず難波を都とすること、ｃ百寮者は各自難波に行き家地を請うことが述べられている。この詔により、はじめて日本で複都制がとられた。

史料1が出される前年の『日本書紀』天武十一年三月甲午朔条には、

> 命二小紫三野王及宮内官大夫等一、遣二于新城一、令レ見二其地形一、仍将レ都矣。

と、三野王等を新城（のちの藤原京）に派遣し、都とする土地の地形を観察させており、これは、天武朝前半に造営が中断された藤原京の造営再開記事と考えられている。

そして、史料1の約三カ月後の『日本書紀』天武十三年二月庚辰（二十八日）条には、

> 遣二浄広肆広瀬王・小錦中大伴連安麻呂、及判官・録事・陰陽師・工匠等於畿内一、令レ視二占応レ都之地一。是日、遣二三野王・小錦下悉女臣筑羅等於信濃一、令レ看二地形一。将レ都二是地一歟。

と、広瀬王等を畿内に派遣し都とする土地を視占させている。そして、同日には三野王等を信濃に派遣し、都とする土地の地形を観察させ、四月には信濃国の図を献上させている(6)。さらに、三月には、天武が「京師」すなわち造営中の藤原京に巡行して「宮室之地」を定めており(7)、藤原京の造営と並行して複数の都の建設が進められていた。

さて、史料1ｃ部分では、百寮者は各自難波に行き家地を請うよう命じており、複都制の詔が出された時点で、難波にはある程度整備された京域空間が存在していたことがうかがえる。難波は、孝徳朝に大王宮である難波長柄豊碕宮（以下、豊碕宮）の造営にともない、豊碕宮の周辺に豪族・官人らが居住する空間が形成された(8)。豊碕宮は都が飛鳥に遷った後も存続し、天武朝の副都の中核となる難波宮となった。このことから、天武十二年時点で、難波宮の周辺には京域の素地となる空間が形成されていたため、最初に難波を都にしたと考えられる。

この難波の京域について、吉田晶氏は、ⓒ部分で難波に出向いて宅地を直接請求する方法をとっていることから、条坊は未成立であったと指摘する(9)。

一方、天武六年の摂津大夫の任官や(10)、『日本書紀』天武八年十一月条に「初置二関於龍田山・大坂山一。仍難波築二羅城一」とみえること、そして、ⓒ部分を宅地班給記事と捉えて、天武朝の難波には条坊京域が存在したという見解がある(11)。

したがって、難波の都の実態を明らかにするためには、ⓒ部分の内容を究明する必要がある。そのために、ⓒ部分と史料2～6の藤原京以降の宅地班給記事の比較検討を行う。

史料2『日本書紀』持統五年（六九一）十二月乙巳（八日）条

詔曰、賜二右大臣一宅地四町。直広弐以上二町。大参以下一町。勤以下至二無位一、随二其戸口一、其上戸一町・中戸半町・下戸四分之一。王等亦准レ此。

史料3『続日本紀』天平六年（七三四）九月辛未（十三日）条

班二給難波京宅地一。三位以上一町以下、五位以上半町以下、六位以下四二分一町一之一以下。

史料4『続日本紀』天平十三年九月己未（十二日）条

遣二木工頭正四位下智努王・民部卿従四位下藤原朝臣仲麻呂・散位外従五位下高岳連河内・主税頭外従五位下文忌寸黒麻呂四人一、班二給京都百姓宅地一。

史料5『続日本紀』天平宝字五年（七六一）正月丁未（二十一日）条

使下司門衛督正五位上粟田朝臣奈勢麻呂、礼部少輔従五位下藤原朝臣田麻呂等、六位已下官七人、於二保良京一、班中給諸司史生已上宅地上。

史料6『日本紀略』延暦十二年（七九三）九月戊寅（二日）条

遣二菅野真道・藤原葛麿等一、班二給新京宅地一。

まず、ⓒ部分が直接新京に行って家地を「請」うのに対し、史料2〜6は宅地を「賜」「班給」している。しかも、その方法は班給使を遣わして宅地を与えるというものであった（史料4・5）。そして、ⓒ部分では「百寮者」は班給の対象であるものの王族は対象外であった。それに対し、[12]藤原京以降は、王族を含めた全有位者と京戸が対象であった。また、ⓒ部分には班給される土地の基準の記載がないが、史料2・3には、坊を十六等分した区画である町を班給する土地基準としており、条坊がしかれていたことがわかる。積山洋氏は、天武朝の難波について、難波宮と四天王寺の間で正方位の地割が点々と認められると述べるが、[13]現在まで明確な条坊道路跡は見つかっていない。したがって、貴族・官人が各自都へ直接赴き家地を請求するというⓒ部分は、藤原京以降のような国家が有位者と京戸に都の宅地を分け与える宅地班給とは異なるものであり、難波の都は、難波宮と条坊制のしかれていない京域により構成された都であったと推察される。

それでは、天武はなぜ複都制を導入したのだろうか。栄原永遠男氏は、地方豪族の確実な掌握を行うため、藤原京を中心にして東と西に難波宮と信濃宮を配し、日本を三つの地域に分け、各地域に都を設けて、天皇の代理が地方豪族の朝参を受け、中心の藤原京において、さらに朝参を受ける国土統治を構想していたと述べる。[14]仁藤氏は、天武が必要に応じて、これら三カ所の拠点を定期的に移動することにより、端的には官人集住地区としての新城、外交拠点および官人予備軍居住区としての難波宮、防衛および東国支配の拠点としての信濃宮という、それぞれの役割が果たされる構造であったと論じる。[15]

しかし、中央集権国家の確立を図るうえで、わざわざ地方豪族を副都と首都に二重の朝参をさせなくとも、首都だけの朝参で問題はない。また、難波の都を外交拠点とする点には異論がないが、天武は官人予備軍ではなく貴族・官人層に家地を請求させており、官人予備軍地として難波に都を置いたという見解には疑問が残る。

信濃の都は途中で造営が中断されたため、都としての実態は不明だが、天武十三年に都とするため土地の視察を行っていることから、難波のごとく宮と京域で構成された都を設置しようとしたと推察される。また、畿内においても都となる土地の視察を行なっていたことから、藤原京の造営再開にともなって複都制の詔を出し各地に都を設置しようとした。これは、新たな首都となる藤原京を支え補おうとしたためであったと考えられる。

ところが、朱鳥元年（六八六）正月に難波宮が焼失し(16)、九月には天武が死亡した(17)。その前年の『日本書紀』天武十四年三月条には「灰零二於信濃国一。草木皆枯焉」と、信濃国に灰が降り草木が枯れるとあり、この記事は噴火を示唆するものと考えられ、これにより信濃の都の造営は中断されたと推察される。したがって、災害と天武の死により、副都の造営事業は凍結されたと考えられる。

仁藤氏は、七世紀後半から八世紀後半まで副都の難波が機能していたと考えるが(18)、朱鳥元年から聖武朝までの約四十年間に難波宮行幸はわずか四回しか行われておらず、焼失した難波宮の再建も行われていない(19)。また、『万葉集』では聖武朝の難波京造営以前の難波について「葦垣の古りにし里と(20)」「荒野らに里はあれども(21)」と寂れた様子が歌われていることから、都として維持されていたとは思われない。

さらに、日本が規範とした唐令には、「両京」の語が散見しており、複都制に関わる条文があった(22)。ところが、日本令の対応条文では、「両京」という語が「京」に改変される、もしくは語句自体が継受されていない。そのため、日本令には複都制に関わる条文が一つもない。ただし、大宝令の藍本である永徽令の段階では、唐は単都制であり、両京制に関する条文がなかったため日本令にもなかったとも考えられる。

しかし、八世紀初頭には、洛陽城が副都となった後に編纂された垂拱令と神龍令が日本にもたらされている。(23) また、「両京」の語のある条文(24)が認められる開元三年令も養老令編纂する際に参考にされていたと考えられていることから、(25)八世紀前半の日本は、複都制に関する唐令の条文を知っていたといえる。にもかかわらず、日本令に複都制に関する条文が一つもなく、複都制に関する格式が出された形跡もない。したがって、天武の死後即位した持統は、複都制政策を継承することなく、藤原京の造営のみを推進したと解される。

第二節　聖武朝以降の複都制

一　聖武朝の複都制の導入

複都制が放棄された約四十年後の聖武朝に、副都の難波京が造られ、日本で再び複都制がとられた。この難波京は、天平十六年（七四四）から一年余り首都であった。(26) 日本の都城は基本的に遷都すると、旧京は維持されることはなかった。

だが、『続日本紀』天平勝宝五年（七五三）九月壬寅（五日）条には、

　摂津国御津村、南風大吹、潮水暴溢、壊㆓損廬舎一百十餘区㆒、漂㆓没百姓五百六十餘人㆒。並加㆓賑恤㆒。仍追㆓海浜居民㆒、遷㆓置於京中空地㆒。

と、摂津国御津村の風水害により、海浜に居住する民を京中の空地に移したとある。この「京中」を平城京とみる見解もあるが、この時京中に移った「海浜居民」は摂津国に居住しており、通常であれば、国内の他所に移されるはずである。また、『行基年譜』の天平十六年の項には「大福院　御津、二月八日起　尼院　已上、在㆓摂国西城郡御津村㆒」と

あり、御津村は難波京がある西成郡に所在した。地理的に鑑みても、わざわざ生駒山系を越えた平城京に御津村の住民を移したとは考えがたい。したがって、「京中」とは難波京と解され、難波京は天平十七年の平城京還都後も存続していた。そして、難波宮の大極殿と朝堂が長岡宮に移築される延暦年間まで、副都として維持されたと考えられる(27)。

聖武が複都制をとった要因については、滝川氏は、聖武が曽祖父天武の素志を継いだためと述べる(28)。また、山本幸男氏は、聖武が天武直系の天皇であることを具現化するために難波宮の再興が行われたが、外的な威儀・威容を誇示するための国家的事業へと性格が変化したと論じる(29)。このように、聖武朝の難波京造営は天武の複都制の再興とする見解が通説となっている(30)。

しかし、天武の複都制では、複数の副都を設置しようとしていたことに対し、聖武は難波京しか副都を造っていない(31)。この事実から、聖武が天武直系の誇示として複都制を取り入れたとは考えがたい。

それでは、なぜ聖武は、副都の難波京を造ったのだろうか。この問題を究明するために、聖武の即位後の動きをみていく（表4）。

史料7『続日本紀』神亀元年（七二四）十一月甲子（八日）条

太政官奏言、上古淳朴、冬穴夏巣。後世聖人、代レ以二宮室一。亦有二京師一、帝王為レ居。万国所レ朝、非二是壮麗一、何以表レ徳。其板屋草舎、中古遺制、難レ営易レ破、空殫二民財一。請、仰二有司一、令下五位已上及庶人堪レ営者構二立瓦舎一、塗為中赤白上。奏可之。

史料8『続日本紀』天平元年四月癸亥（三日）条

為レ造二山陽道諸国駅家一、充二駅起稲五万束一。

史料9『続日本紀』天平元年八月癸亥（五日）条

及到二大宰府一路次駅戸租調、（中略）皆免。

史料10『藤氏家伝』武智麻呂伝

当二是時一（中略）仍営二飾京邑及諸駅家一許二人瓦屋赭堊渥飾一。

神亀元年二月に即位した聖武は(32)、その七カ月後、五位以上と財力のある庶人に対して、平城京内の家を瓦葺・朱塗・白壁にする太政官奏を許可し（史料7）、平城京の荘厳化に着手した。これは、史料7の傍線部分にみえるように、入京する外国使節などを意識して行われたものであった。

さらに、天平元年四月には、山陽道諸国の駅家を築造するために駅起稲五万束をあてている（史料8）。八月には改元にともない、大宰府に到るまでの駅戸の租調を免除しており（史料9）、これも山陽道の駅家改築に関わるものと推察される。そして、史料10の『藤氏家伝』には、天平元年頃に平城京と駅家を営飾し、人々にこれらを瓦屋で朱塗・白壁に造ることを許すとある。したがって、天平元年頃から、山陽道の駅家は、瓦葺きで朱塗・白壁の壮麗なものに改築されたと考えられる(33)。また、『日本後紀』大同元年（八〇六）五月丁丑（十四日）条には「勅、備後・安芸・周防・長門等国駅館、本備二蕃客一、瓦葺粉壁」と、外国使節が来るため、備後・安芸・周防・長門国の駅家が瓦葺きで白壁であったとある。つまり、天平元年頃からの山陽道の駅家の改築も、外国使節に備えるために行われたものだった。

さらに、家伝の記載は史料7・8と合致するものであることから、平城京と山陽道の駅家の荘厳化が連動した事業であったことがうかがえる。この事業について、今泉隆雄氏は、前年八月の新羅使入京を契機としてなされ、外国使節への威圧を目的としたものと指摘する(34)。

難波は、外国使節が入京する大宰府から平城京までの経路上に位置し、新羅使が入京する際に滞在する難波館があった。難波館は、新羅使の饗宴や神酒給付などの儀礼が行われた外交儀礼の場であった(35)。したがって、入京する新羅使は必ず難波を経由した。

聖武は、即位の翌年の神亀二年に難波行幸を行い[36]、同三年に藤原宇合を知造難波宮事に任命して、難波京の造営を開始した[37]。この時、造営された後期難波宮の大極殿・朝堂は礎石建物で瓦葺と中国風の荘厳なものであり、天平十七年の平城還都後の平城宮東区の大極殿・朝堂院の先駆けとなる先進的な宮城であった[38]。直木孝次郎氏は、このような壮大な宮城が難波に営まれたのは、神亀のころから新羅との緊張が加わったことが一因であり、難波津に到着した新羅使に、日本国の偉大さを見せつけようとしたためと述べる[39]。

そして、難波京の造営が進む天平四年には、造客館司を設置している[40]。『令集解』職員令18玄蕃寮条所引古記には「館舎、謂在二京及津国一館舎者惣検校也」とあり、玄蕃寮が京と摂津国の館舎（客館）を管轄していた。このことから、造客館司の設置は史料7や家伝にみえる平城京の荘厳化と連動した平城京の客館の改築のためとも考えられるが[41]、この時期は難波京の造営が行われており（表4）、それにともなって、難波館も改築されたと推察される。したがって、平城京の客館と難波館のために造客館司が設置されたと考えられる。

さらに、天平六年には難波京の宅地班給が行われた。瀧浪貞子氏は、宅地班給（とそれにともなう住宅の整備）は、いわば個人的なレベルでの造都事業であり、それなしでは京中の整備は不可能であったと指摘する[42]。瀧浪氏の見解を踏まえれば、難波京でも宅地班給を行うことで、貴族・官人にも造都事業を負担させ、壮麗な京域の設置を実現したと考えられる。

ところが、持統朝から元明朝までの方が新羅使の入京は多かったにもかかわらず、難波を都として整備することはなかった。なぜ聖武はこの時期に難波京を造営したのだろうか。

表 4　難波宮・京造営と平城京・山陽道駅家の荘厳化

年	月日	平城京・山陽道駅家の荘厳化	難波宮・京造営
神亀元年（724）	11 月 8 日	五位以上と財力のある庶人は平城京内の家を瓦葺・朱塗・白壁にすることを許す。（『続日本紀』）	
神亀二年（725）	10 月 10 日		難波宮に行幸。（『続日本紀』）
神亀三年（726）	10 月 19 日		難波宮に行幸。（『続日本紀』）
	10 月 26 日		藤原宇合を知造難波宮事に任命する。（『続日本紀』）
神亀四年（727）	2 月 9 日		難波宮を造る雇役民の課役とその房戸の雑徭を免除する。（『続日本紀』）
神亀五年（728）			難波宮に行幸。（『万葉集』）
天平元年（729）	4 月 3 日	山陽道諸国の駅家を造るために駅起稲五万束をあてる。（『続日本紀』）	
	8 月 5 日	大宰府に到るまでの駅戸の租調を免除する。（『続日本紀』）	
		平城京と駅家を営飾し、人々に瓦葺の家で朱塗・白壁に造ることを許す。（『藤氏家伝』武智麻呂伝）	
天平四年（732）	3 月 26 日		知造難波宮事の藤原宇合から仕丁までに物を賜う。（『続日本紀』）
	9 月 5 日		石川枚夫を造難波宮長官に任命する。（『続日本紀』）
	10 月 3 日		造客館司を設置する。（『続日本紀』）
天平六年（734）	3 月 10 日		難波宮に行幸。（『続日本紀』）
	9 月 13 日		難波京の宅地班給を行う。（『続日本紀』）

（淡色）…平城京・山陽道駅家の荘厳化事業
（灰色）…難波宮・京造営

『三国史記』聖徳王二十一年（七二二）十月条には、

築二毛伐郡城一、以遮二日本賊路一。

とみえ、対応する『三国遺事』孝成王条には、

開元十一年壬戌十月、始築二関門於毛火郡一。今毛火村、属二慶州東南境一。乃防二日本一塞垣也。周廻六千七百九十二歩五尺、役徒三万九千二百六十二人、掌員元真角干。

とある。『三国遺事』が聖徳王のつぎの孝成王治下とするのは誤りで、[43] 開元十年は聖徳王二十一年（養老六年）にあたる。したがって、聖徳王の時代（養老年間）に日本の侵攻を防ぐために毛伐郡城が築造された。『三国遺事』にみえる城の周廻の距離、役徒数、そして、築城の長官である「元真」が王族で最高級の位階「角干」を有していることから、[44] 毛伐郡城の造営は国家的大事業であったと考えられる。慶州市外東邑毛火里にある毛伐郡城跡は、約一二キロメートルの長城と約一・八キロメートルの楕円形の山城を組み合わせた関門城で、蔚山の港から王京に向かう経路と交差する地点にある。遣新羅使は、大宰府から対馬、朝鮮海峡を渡って蔚山付近に着き、そこから河川に沿って毛伐を経由し、王京に入った。[45] したがって、新羅は遣新羅使の入京経路上に巨大な関門城を築いたのである。それにより、遣新羅使が入京する際には関門城で審査を受けなければならなくなった。[46] つまり、『三国史記』の「日本賊路」とは、遣新羅使の入京経路を示唆するものであった。鈴木靖民氏は、新羅が日本国使の入京経路を遮るという事実は、新羅に優越する形での日本の立場を維持する当時の日本と新羅の特殊な外交関係に著しく背反すると指摘する。[47] このような新羅の対応に対して、聖武は、新羅使の入京経路である山陽道と平城京の荘厳化事業に着手し、さらに中国風の壮大な難波宮・京を造営することで、新羅使に日本国力を見せつけ、新羅に日本の威信を知らしめようとしたと考えられる。したがって、聖武朝の複都制の導入は、従来から言われているような天武朝の複都制を継承したものではなく、多

分に海外情勢に対応するものであった。

二　副都難波京の実態

次に、副都難波京の実態を検討する。

まず、難波京の行政をみていく。『続日本紀』天平六年三月丁丑（十六日）条には、「免下供二奉難波宮一東西二郡今年田租調・自餘十郡調上」とあり（傍点、筆者）、難波行幸により難波宮がある「東西二郡」、すなわち東成郡と西成郡の当年の田租と調を免じていることがみえる。

また、『続日本紀』神亀二年十月辛未（二十一日）条には「詔、近レ宮三郡司授レ位賜レ禄、各有レ差」と（傍点、筆者）、難波宮に近い三郡の郡司が位と禄を賜っていることから、難波京は西成郡と東成郡だけでなく百済郡も京域であったという見解がある[48]。

しかし、難波京の造営が開始されたのは神亀三年であり[49]、神亀二年の行幸時点では明確な京域は存在しなかったと考えられる。そして、天平六年九月に難波京の宅地班給が行われていることから、同年三月の行幸時点で条坊京域がほぼ確定していたため、京域のある「東西二郡」、すなわち東成と西成の二郡のみが租調を免除されたと考えられる。

そして、難波京は、首都のように京域が独立した行政領域となった形跡がないことから、

摂津職―┬―東成郡―郷
　　　　└―西成郡―郷

という国の行政体系に組み込まれ[50]、行政上、京内・外の区別はなかった。

さらに、税制でも、保良京では、『続日本紀』天平宝字五年十月己卯（二十八日）条に「宜下割二近レ都両郡一、永為二

畿県一、停レ庸輸上レ調。其数准レ京」と、保良京のある滋賀・栗太両郡を恒久的に「畿県」としたうえで「京」に准じて庸を免じ、調の数を「京」と同じにするという措置がとられているが、[51]難波京が所在する東成郡・西成郡では、そのような措置はとられていない。

京戸と畿内の戸は、課役負担において基本的に違いはないと考えられているが、『続日本紀』延暦元年四月己卯（二十七日）条には、「山背国言、諸国兵士、免レ庸輸レ調。至二於左右京一、亦免二其調一。今畿内之国、曾無レ所レ優、労逸不レ同。請同二京職一、欲レ免二其調一。於レ是、勅、免二畿内兵士之調一」と、諸国の兵士は庸が免除されており、京畿内では庸が免除されていたため、京の兵士はその代わりに調が免じられているのに対し、畿内の兵士は調の免除がないため、その調を免除することを認めたことがみえる。つまり、延暦元年以前は「京」の兵士の調が免除され、畿内諸国の兵士は免除されていなかった。このことから、京と畿内とで兵士の待遇が異なっていた時期があり、延暦元年以前には京と畿内が同一でないという認識・実態があったといえる。[52]したがって、難波京のある摂津国は畿内にあるとはいえ、京・国という二本立ての行政体系の中では地方であり、難波京は副都でありながら、行政上、何ら都として特別な扱いをうけることはなかったのである。

また、『続日本紀』天平十三年三月辛丑（二十日）条では、

摂津職言、自二今月十四日一始至二十八日一、有二鸛一百八一、来二集宮内殿上一、或集二楼闕之上一、或止二太政官之庭一、毎日、辰時始来、未時散去。

と、難波宮の楼閣上や太政官の庭（朝堂院）に鸛百八十羽が集まるという怪異の報告を摂津職が行なっている。この記事から、摂津職が難波宮の大極殿や朝堂院をはじめとする宮内の殿舎を恒常的に管理・把握していたと考えられ、京職が宮城の管理に携わらないことと対照的である。

その一方で、首都との共通点も存在する。それは条坊京域を有し、宅地班給が行われたことである。難波京では、三位以上は一町以下、五位以上は半町以下、六位以下は四分の一町以下の宅地が班給された。そして、史料3の難波京の宅地班給記事の位階と史料2の持統五年の宅地班給記事の位階が対応していることから、「六位以下」とは、「六位以下至二無位一」のことと解され、難波京の宅地班給の対象は正一位から無位に至るまでの有位者であり、「京」と同じであった。

ところが、首都の場合は京戸にも宅地班給が行われている（史料4）。難波京は「京」という行政区域がとられなかったため、難波京の京戸は存在しない。また、京域に居住する東成郡・西成郡の百姓について記載がないことから、宅地班給の対象外であったと考えられる。そして、先述したように、有位者に難波京の宅地を班給した目的の一つは、貴族・官人層にも造都事業を負担させることにより、外国使節に日本の威信を示す荘厳な中国風の副都を造り上げることにあった。したがって、難波京の宅地班給は、首都の宅地班給と性格が全く同じものとはいえない。

第三節　東アジアの複都制

一　唐の複都制

次に、同時代の唐と新羅の複都制をみていく。

唐では、顕慶二年（六五七）に洛陽城が副都となり両京制がとられた。滝川政次郎氏は、長安は軍事的には首都に適しているが、経済的には欠陥があり、逆に洛陽は経済的には首都に適しているが、軍事的には欠陥があることから、この双方を補うため両京制がとられたと指摘する。(53) また、村元健一氏は、唐に至るまでの中国の複都制において、常に長安に都を置いた王朝が洛陽にも都を築いているのは、関中という中国の中では西に偏在した場所に都城を築いたため、関東に支配拠点を築く必要があったという現実的な問題と、周を理想の王朝とする指向が強まり、結果として周公造営の洛陽が重視されたという中国王朝の歴史的正統性の問題によるものと述べる(54)。つまり、両者の論にしたがえば、唐では首都の補完と政治・思想的背景により複都制がとられていたということになる。

唐では、都内外にかかわらず州（府）—県—郷—里制がしかれていた。ただし、『旧唐書』巻四高宗本紀、顕慶二年十二月丁卯条をみると、「手詔改二洛陽宮一為二東都一。洛州官員階品並准二雍州一」とあり、洛陽城が副都となったことにともない、洛州の官員の階品を長安城のある雍州の階品に準じさせている。開元十一年（七二三）に太原城が北都となった際にも同様の措置がとられており(55)、唐では、副都が置かれた府（州）は他の州とは異なる扱いを受けていた。

さらに、唐では京城内にある県は京県に、城外の県は畿県とされた(56)。『唐六典』巻三〇京県畿県天下諸県官吏条には「開元十一年置二北都一、以二晋陽、太原一為二京県一」と、太原城が副都となった際、太原城がある晋陽・太原両県を京県としたことがみえ、副都になると城が置かれた県は京県に格上げされた。そして、京・畿県の官人は県の官人より品階が高く(57)、職分田は州・都護府に準じるなど(58)、優遇されていた。

また、天聖賦役令不行唐15諸色職掌人免課役条と同雑令不行唐15番官雑任条には「両京坊正」という語がみえ、諸色職掌人免課役条では両京の坊正のみが課役を免除されることが、番官雑任条では両京の坊正は番官で雑任であることが規定されている。両条文をみてみると、両京の坊正は州県城の坊正とは区別されて、里正と同じ待遇であった。このように、唐では首都と副都の坊正に対しても、特別な処遇がとられていた。したがって、唐では副都になると府県の格が上がり、その官人も首都に准じた待遇となった。

次に洛陽城内の統治をみていく。『唐六典』巻一三殿中侍御史条に「凡両京城内、則分二知左右巡一、各察其所巡之内、有二不法一之事」とあり、洛陽城内の検察権は左右巡使が有していた。また、『唐令拾遺』捕亡令七条〔開二五〕には「諸得二闌遺物一、皆送二随近県一。在レ市得者、送二市司一。其金吾各在二両京一、巡察得者、送二金吾衛一」とあり、洛陽城にも金吾衛が設置されていたことがわかる。金吾衛は、宮中と京城内の警察を掌っていた官司であることから(59)、洛陽城内は府県だけでなく左右巡使と金吾衛も警察権を有していた。

『唐六典』巻三金部郎中条には「東都金部」「東都太府寺」がみえ、金部と太府寺も洛陽城に分置されていた。金部は庫蔵の出納、財政、度量衡を掌る官司で(60)、太府寺は四方貢賦の受入・保管および百官俸禄を掌る官司である(61)。洛陽城には、賦税を収納する左藏署の東都庫・東都朝堂庫(62)、徴税した府・州の雑物を納めた右藏署の東都庫が置かれていた(63)。左右藏署は太府寺の被官であることから、東都太府寺はこれらの管理にも携わっていたと考えられる。また、洛陽城に分置されていた市署と常平署も太府寺の被官であった(64)。通常、唐では市令以下は府・州・県に所属していたが、両京のみ市署が市を管理しており、洛陽城の南市と北市は東都市署が管理していた(65)。そして、常平署は倉に貯蔵する穀の管理を行う官司で、豊年で穀に余剰のある時に国家が穀を買収して倉に貯え置き、凶年で穀価の高い時に安く売り出すという穀価調整の役割も担っており(66)、南市と北市に深く関係していた。したがって、洛陽城の経済は、分置された金部および太府寺とその被官官司により統制されていた。

さらに、『唐六典』巻三倉部郎中条には「東都司農寺」とあり、吏録の支給、田租の運搬、倉庫の会計を掌る司農寺(67)も洛陽城に分置されていた。洛陽には司農寺が管理する含嘉倉があり(68)、東都司農寺は、含嘉倉の管理を行なっていたと思われる。

また、通常は州が管理する道観と道士名帳を、洛陽城内は長安城と同じく崇玄署が直接管理していた(69)。したがって、分置されていなくても、中央官司が城内の管理に携わる場合もあった。

そして、宮城の苑内の舘・園池や動植物の管理を行う苑総監と苑四面監も洛陽に分置されていたことから[70]、洛陽宮をはじめとした洛陽城内の宮城も、府県ではなく中央官司により管理されていたと考えられる。

以上の検討から、副都である洛陽城は、行政上は府県に組み込まれていたが、治安維持と経済、そして宮城に関わる中央官司を城内に分置させ、首都の長安城と同じく城内の警察・経済統制および宮城の管理させていたことがわかる。

二　新羅の複都制

新羅では、真興王十八年（五五七）に国原小京[71]、文武王十八年（六七八）に北原小京[72]、同二十年に金官小京が設置された[73]。そして、神文王五年（六八五）に西原小京・南原小京が造られたことで[74]、五小京という複都制が確立した。

統一後の新羅は、高句麗・百済・伽耶地方も領土となり、建国以来の首都である王京の位置が、国土の東南に偏るようになってしまった。しかし、新羅は六部という王京を本拠地とする貴族の力が強かったため、遷都することができなかった[75]。それゆえ、併合した地域に五小京を置いた[76]。また、国原小京は、南漢江一帯の豊富な鉄の産地と発達した水路（交通路）を確保するために戦略的に開発された[77]。したがって、五小京を置くことで、王京の偏在性だけでなく、首都の欠陥部分をも補完したと考えられる。

景徳王十四年（七五五）に書写を終えた「新羅白紙墨書大方広仏華厳経」の跋文には、写経に関わった人物の出身地と名が記載されており、経筆師の文莫沙弥は「南原京」（南原小京）出身、経心匠の能吉奈麻と古奈麻は「大京」出身とみえる。「大京」とは首都の王京の別称であり、「南原京」出身の人物がいるため、「南原京」に対して「大京」と記したと考えられる[78]。したがって、当時の新羅では、王京（大京）と小京は対という意識があったことがうかがえ、王京が主たる都、小京が副たる都であった。

次に、小京の行政について検討する。左掲の「新羅村落文書」[79]には、西原京（西原小京）の行政体系がみえる。

a断簡

2　當縣沙害漸村見内山榼地周五千七百廿五歩（以下、略）

（中略）

18　當縣薩下知村見内山榼地周万千八百卅歩（以下、略）

（後略）

b断簡

16　西原京□□□村見内知周四千八百歩（以下、略）

この文書は、三年に一度作成された記録の断片で、村名・村周・戸口数・牛馬数・耕地面積・樹木などが記載されている。作成年次は記されていないものの、乙未年に戸口の調査を行なったことが記されており、この乙未年を六九五年に比定する見解が近年有力となっていることから、[80]村落文書は七世紀後半に作成されたとみられる。村落文書には、県が県―村であるのに対し、西原京は京―村とある。また、『三国史記』雑志地理をみると、州郡には領県があるが小京にはない。つまり、小京は県を介さず直接村を統治していた。したがって、首都の王京が元々六村から成り立っていたように、[81]小京も数村で成り立った領域であったと考えられる。

そして、五小京には仕臣という小京を管理する官人が中央から派遣された。藤田亮策氏は、仕臣は郡の長官である大守より遥かに高い位階であり、州の長官である都督に次いで高い位階の六部の貴族が任命されていたことから、仕臣は都督と併行した一種独自の存在であり、[82]小京は九州の内にありながら重要な存在であったと指摘する。[83]

善徳王八年（六三九）に何瑟羅州を北小京としたが[84]、太宗五年（六五八）に北小京が靺鞨に近いことを人々が不安に思ったため、小京から州に戻している[85]。このことから、小京と州は互換性のある行政領域であったことがわかる。そして、『三国史記』憲徳王二年（八一〇）条の祥瑞の献上記事には、

正月、河西州進㆓赤烏㆒。
七月、西原京進㆓白雉㆒。

と、河西州と西原京が貢進主体としてみえる。本条を除いた九州五小京制成立以後の『三国史記』の祥瑞記事の進上の主体はすべて州である。小京が州の管轄下にあったのなら、西原京が祥瑞を進上した際には熊州が貢進したと記載されるはずである。だが、西原京が貢進主体として記されていることからも、小京は、州と並列した行政領域であったといえる[86]。

したがって、新羅では、各地に小京という副都を設置する複都制がとられていたのである。小京は県を介さず直接村を統治していることから、京域自体が行政領域であり、州に並列するものであったといえる。そして、そこに六部の貴族を長官として派遣し、首都の偏在性と欠陥部分を補完させた。

三　東アジアと日本の複都制

最後に、唐・新羅の複都制と律令制ができてから造られた八世紀の難波京の比較を行うことで、日本の複都制の本質と独自性を問うことにしたい。

前述したように、難波京は新羅の小京のように京域自体が行政領域にならず、副都設置以降も摂津職—郡—郷という行政体系のままであった。大国守が従五位上相当の官職であるのに対し[87]、摂津大夫は左右京大夫と同じ正五位上相

当の官職であるため、[88]唐のように首都の行政官と同じ位階にする必要がなかったとも考えられる。ところが、摂津職は、郡―郷（里）制をとっており、「京」の京―四坊（条）―坊という行政体系とは異なる。

史料11　養老職員令68摂津職条

摂津職　帯二津国一。

大夫一人。掌、祠社、戸口簿帳、字二養百姓一、勧二課農桑一、糺二察所部一、貢挙、孝義、田宅、良賤、訴訟、市廛、度量軽重、倉廩、租調、雑徭、兵士、器仗、道橋、津済、過所、上下公使、郵駅、伝馬、闌遺雑物、検二校舟具一、及寺、僧尼名籍事。（後略）

また、史料11の摂津職の職掌のうち「津済」「上下公使」「検校舟具」が独自のものであることから、摂津職は字義通り「津を摂べる職」であり、国際港である難波津の管理のために設置された[89]。加えて、史料11には「帯二津国一」とあり、難波津の管理と摂津国の国司を兼任する職であったため、位階が高かったと考えられる。

『類聚三代格』巻五分置諸国事、延暦十二年三月九日太政官符には、難波大宮の停止にともない、摂津職が国になったとある。中尾芳治氏は、この太政官符と神護慶雲三年（七六九）に称徳天皇が造営した由義宮を西京と称し河内国を河内職に改めていることから、摂津職の設置と難波宮の存在は深い関係にあったと考える[90]。

しかし、天武十二年に難波が副都となるより以前の天武六年に難波津の交通と外交機能を重視して摂津職大夫が置かれた[91]。このことから、都に一番近い外港である難波津の管理のために摂津職が設置されたと考えられる。また、延暦四年の三国川の開削により瀬戸内海から難波を経由することなく直接淀川に入る新しい水運ができ[92]、八年には摂津職独自の職掌の「上下公使」が停止された[93]。そして、難波宮が解体され長岡宮への移築が開始された延暦三年ごろには、難波京は実質的に停止となったと推察される[94]。したがって、難波京の停止と難波津の機能低下という二つの要因により、摂津職は国に降格したと考えられる。

難波京の行政体系は唐洛陽城のものと似ているが、京内統治は大きく異なっていた。「京」の「糺礼所部」には京職・坊令・坊長の他に、在京諸司の衛府・弾正台も関わっていたが[95]、難波京の場合は、諸国と同様に摂津職・郡司・郷長がその職務を遂行していた。

また、難波に市はあるものの、西京・保良京のように市司の分置が行われず、史料11に「市廛」とあることから、摂津職がその管理を行なっていたと考えられる。

寺院・僧尼の管理も、「京」では京職を経ることなく直接僧綱や玄蕃寮が関与していたのに対し、難波京内の寺院は諸国の場合と同じく摂津職が関与していた。玄蕃寮は難波に関わりがあった唯一の中央官司であり、所管の難波館が京内にあったが、玄蕃寮を分置した記事はみえない。また、難波館は難波京設置以前からあり、その段階から玄蕃寮が管理していたと考えられることから、副都の統治と直接の関係はなかったといえる。加えて、難波宮の管理も、前述したように摂津職が行なっていた。

したがって、難波京は唐洛陽城とは異なり、京内統治に在京諸司は全く関わらず、摂津職と地方豪族の郡司が行なっていたのである。つまり、難波京は都でありながら、行政体系上においても、京内統治においても諸国と同じであり、都としての特別な措置は一切とられていなかった。

むすび――日本の複都制の特質――

本章では、日本古代の複都制の展開を再検討し、それを踏まえ、日本の複都制と唐や新羅の複都制との比較検討を行うことで、日本の複都制の特質を明らかにすることを試みた。

まず、天武朝の複都制について、藤原京の造営再開を契機に、複都制の詔を出して、新たな首都となる藤原京を補完する複数の都を設置したことを述べた。

ついで、聖武朝の副都難波京について考察し、難波宮・京の造営が平城京と山陽道の駅家の荘厳化事業と連動した外国使節への国力の誇示のための大事業であることを論じた。そして、聖武朝における複都制の導入は、従来から言われているような天武朝の複都政策を継承したものではなく、多分に海外情勢に対応するものであった。

また、唐では、副都のある府（州）県の官人は、首都の長安城のある府（州）県と同じ待遇となり、両京の坊正も州県城の坊正と区別され、課役免除など特別な待遇をうけていた。そして、洛陽城内の統治は長安城と同じく府県だけでなく中央官司も携わっていた。統一後の新羅では、首都の王京以外に小京という五つの副都が設置された。小京は京域自体が独立した行政領域で、州と並行する存在であった。そこに六部の貴族が長官として派遣され、首都の王京を補完した。このように、唐・新羅では、副都に対して行政・京内統治面で首都に準じた扱いがされていた。

それに対して、八世紀の難波京は長安城や洛陽城の府県制の如く、摂津職・郡の行政体系下に置かれた。しかし、長安城や洛陽城のように在京諸司を分置させることなく、難波京内の統治は摂津職・郡司が京外と同様に行なった。八世紀に日本で複都制が再びとられたのは、外国への誇示を目的とした外国使節の入京経路の荘厳化事業の一環であり、難波京は、日本の威信を示す装置的側面が強かった。それゆえ、副都である難波京には在京諸司が分置されることはなく、副都設置以前と変わらず摂津職と郡司が管理することとなり、地方の行政体系に組み込まれたと考えられる。したがって、八世紀の日本の複都制は、東アジアの複都制とは異なり、地方の行政体系と同化する性格を濃厚に宿すことになったため、都でありながら、都として扱われなかったという特殊性を持っていた。このことを換言すれば、唯一「京」制がしかれた日本の首都は、東アジアの首都と比較して、首都としての絶対性を持っていたといえる。

そして、古代の日本において、唐・新羅のような首都と有機的に結合し、補完する複都制が根付かなかったのは、日本の首都は、唐・新羅の首都のように政治・思想的な拘束がなかったため、比較的容易に遷都することが可能であり、首都に何らかの不備・欠陥があろうとも、新たな都を造ることで解決することができたためと考えられる。それゆえ、古代東アジア諸国のような首都を補い支える副都が必要とされなかった。このような日本の都の特質により、八世紀の日本の複都制は、東アジアの複都制とは異なる独自のものとなったのである。

註

（1）滝川政次郎「複都制と太子監国の制」（『京制並に都城制の研究』角川書店、一九六七年）一五頁。

（2）前掲註（1）滝川政次郎「複都制と太子監国の制」一七頁。

（3）仁藤敦史「複都制と難波京」（『古代王権と都城』吉川弘文館、一九九八年、初出一九九二年）、仁藤敦史「都城の役割と変遷」（『都はなぜ移るのか　遷都の古代史』吉川弘文館、二〇一一年）八頁。

（4）舘野和己「日本古代の複都制」（『都城制研究』四、二〇一〇年）一二六、一二九―一三〇頁。

（5）新羅以外の古代の朝鮮半島の複都制については、田中俊明氏が、百済は、『旧唐書』巻一九九百済国伝に「其王所レ居有二東西両城一」とみえ、この「東西両城」は泗沘・益山を指すが、益山は王宮跡があるが官衙や官人たちの居住地の遺構が検出されていないことから、百済国伝の記載は王宮が二カ所ということで、東西に王都が置かれたことを示すものではないと述べている（田中俊明「百済の複都制をめぐる問題」林博通先生退任記念論集刊行会編『琵琶湖と地域社会』サンライズ出版、二〇一一年、三六九頁）。また、百済には国を五つの地域に区分する五方があり、それぞれ拠点となる城を副都と捉える見解があるが、五方城は都ではなく地域支配の拠点城であり、副都とはみなしがたい。したがって、現段階では、百済における複都制の存在は確認することができない。

高句麗は、『隋書』巻八一高麗伝に「都二於平壌城一。亦曰二長安城一。（中略）復有二国内城・漢城一、並其都会之所、其国中呼為二

三京」とあり、平壌城・国内城・漢城を「三京」と称することがみえる。国内城は、三世紀初めから四二七年まで高句麗の首都であり、漢城は、四七五年に百済の首都を陥落させ、五五一年に百済・新羅連合に奪われるまで高句麗の漢江地域の支配拠点であった。しかし、平壌城が首都であった時、旧都である国内城が機能していたのかは不明である。また、漢城も高句麗のものであった期間は約七十六年間であった。加えて、高句麗側の史料がないことから、「三京」が複都制を示すものであったのか否かという問題は、現段階では、これ以上検討することはできない。

そして、渤海でも、上京・中京・東京・西京・南京という都が造営され、五京制という複都制がしかれた。だが、この五京制が完成したのは八世紀後半と考えられ（朱国忱・魏国忠著、濱田耕策訳「渤海の歴史」『渤海史』東方書店、一九九六年、四二頁）、日本の複都制より後代のものである。したがって、本章では、日本の複都制と同時代の唐と新羅の複都制を取り上げる。

（6）『日本書紀』天武十三年（六八四）閏四月壬辰条。
（7）同、天武十三年三月辛卯条。
（8）第Ⅰ部第一章。
（9）吉田晶『古代の難波』（教育社、一九八二年）。
（10）『日本書紀』天武六年十月癸卯条。
（11）澤村仁「難波京について」（『日本古代の都城と建築』中央公論美術社、一九九五年、初出一九七〇年）、藤岡謙二郎「古代の難波京域を中心とした若干の歴史地理学的考察」（織田武雄先生退官記念事業会編『人文地理学論叢』柳原書店、一九七一年）、岸俊男「難波宮の系譜」（『日本古代宮都の研究』岩波書店、一九八八年、初出一九七七年）、積山洋「前期難波京の造営」（『古代の都城と東アジア　大極殿と難波京』清文堂出版、二〇一三年、初出二〇一一年）。
（12）仁藤敦史「難波遷都と信濃遷都計画」（『都はなぜ移るのか　遷都の古代史』吉川弘文館、二〇一一年）一三四頁。
（13）前掲註（11）積山洋「前期難波京の造営」二九四頁。
（14）栄原永遠男「天武天皇の複都制構想」（『市大日本史』六号、二〇〇三年）七頁。

(15) 前掲註(12)仁藤敦史「難波遷都と信濃遷都計画」一三七―一三八頁。
(16) 『日本書紀』朱鳥元年(六八六)正月乙卯条。
(17) 同、朱鳥元年九月丙午条。
(18) 前掲註(3)仁藤敦史「都城の役割と変遷」七頁。
(19) 後期難波宮と前期難波宮の造営軸線が一致していることから、宮・再建は聖武朝まで行われず、持統～元正朝までは被災を免れた東方官衙を行幸の行在所とした(積山洋「難波宮・京の廃絶とその後」『都城制研究』六、二〇一二年、五四頁)。
(20) 『万葉集』巻六―九二八首。
(21) 同、巻六―九二九首。
(22) 『唐令拾遺』『唐令拾遺補』天一閣抄本北宋天聖令の不行唐令から確認できる「両京」規定のある条文数は、戸令(1)、宮衛令(1)、儀制令(1)、公式令(1)、賦役令(1)、倉庫令(2)、廐牧令(1)、捕亡令(1)、営繕令(1)、雑令(2)である。
(23) 坂上康俊「日本に舶載された唐令の年次比定について」(『史淵』一四六号、二〇〇九年)一一頁。
(24) 『唐令拾遺補』戸令一丁条(開三)。
(25) 前掲註(23)坂上康俊「日本に舶載された唐令の年次比定について」。
(26) 『続日本紀』天平十六年(七四四)二月庚申条。
(27) 清水みき「長岡京遷都論―二つの画期をめぐって―」(『ヒストリア』一一〇号、一九八六年)三八頁。また、長岡京に遷都した翌年の『続日本紀』延暦四年(七八五)正月丁酉朔条には「天皇御二大極殿一受レ朝」とあり、この時までに長岡宮への大極殿の移築は完了していたと思われる。
(28) 前掲註(1)滝川政次郎「複都制と太子監国の制」四八頁。
(29) 山本幸男「聖武朝の難波宮再興」(『続日本紀研究』二五九号、一九八八年)六、一一頁。
(30) 植木久「後期難波宮」(『難波宮跡』日本の遺跡三七、同成社、二〇〇九年)一一二頁。

(31) 聖武は恭仁京を造営しているが、これは平城京に代わる新たな首都とするためであり、副都ではない。
(32) 『続日本紀』神亀元年（七二四）二月甲午条。
(33) 山陽道の駅家跡の子犬丸遺跡（布勢駅）と落地遺跡（野磨駅）から出土した瓦の年代は、現在の編年で八世紀後半に位置づけられており、文献資料の駅家改築年代と半世紀の差異がある。しかし、山陽道の駅家跡は先の二カ所しか見つかっておらず、瓦の編年についても今後発見される瓦により変わる可能性もある。
(34) 今泉隆雄「律令制都城の成立と展開」（『古代宮都の研究』吉川弘文館、一九九三年、初出一九八四年）二八四頁。
(35) 『日本書紀』持統六年（六九二）十一月辛丑条、『続日本紀』大宝三年（七〇三）閏四月辛酉朔条、天平勝宝四年（七五二）七月戊辰条。
(36) 『続日本紀』神亀二年十月庚申条。
(37) 同、神亀三年十月庚午条。
(38) 前掲註（4）舘野和己「日本古代の複都制」一二七頁。
(39) 直木孝次郎「難波宮と難波津」（『難波宮と難波津の研究』吉川弘文館、一九九四年、初出一九八九年）一〇二頁。
(40) 『続日本紀』天平四年十月癸酉条。
(41) 新古典文学大系『続日本紀』二巻（岩波書店、一九九〇年）二六三頁。
(42) 瀧浪貞子「京戸の存在形態」（『古代文化』四六―四、一九九四年）三頁。
(43) 鈴木靖民「養老期の対新羅関係」（『古代対外関係史の研究』吉川弘文館、一九八五年、初出一九六四年）一五二頁。
(44) 角干は京位十七等級のうち一位の伊伐飡の別称で、真骨がもらう位であった。
(45) 前掲註（43）鈴木靖民「養老期の対新羅関係」一五二頁。
(46) 濱田耕策「新羅の東・西津と交易体制」（『史淵』一四九輯、二〇一二年）一〇五頁。
(47) 前掲註（43）鈴木靖民「養老期の対新羅関係」一五二頁。
(48) 積山洋「後期難波京の造営」（『古代の都城と東アジア　大極殿と難波京』清文堂出版、二〇一三年、初出二〇一一年）三三四頁。
(49)『続日本紀』神亀三年十月庚午条。
(50)岸俊男「難波の都城・宮室」(『日本古代宮都の研究』岩波書店、一九八八年、初出一九七七年)三九七頁。
(51)第Ⅰ部第三章。
(52)中村順昭「平城京の京戸について—天平五年右京計帳手実をめぐって—」(『律令官人制と地域社会』吉川弘文館、二〇〇八年、初出一九九五年)一三六頁。
(53)前掲註(1)滝川政次郎「複都制と太子監国の制」。
(54)村元健一「中国複都制における洛陽」(『都城制研究』四、二〇一〇年)五一頁。
(55)『旧唐書』巻八玄宗本紀、開元十一年(七二三)正月辛卯条。
(56)『唐六典』巻三尚書戸部郎中員外郎条。
(57)『旧唐書』巻四四職官志、州県官員条。
(58)天聖田令不行唐34諸州府官人職分田条。
(59)『唐六典』巻二五左右金吾衛条。
(60)同、巻三金部郎中条。
(61)同、巻二〇太府寺条。
(62)同、巻二〇左藏署条。
(63)同、巻二〇右藏署条。
(64)同、巻二〇常平署条。
(65)同、巻二〇両京諸市署条、『旧唐書』巻四四職官志、太府寺。
(66)市川理恵「日唐における東西市の管理体制」(『古代日本の京職と京戸』吉川弘文館、二〇〇九年、初出二〇〇三年)。
(67)『唐六典』巻一九司農寺条。

(68) 同、巻一九太倉署条。
(69) 同、巻一六崇玄署条。
(70) 同、巻一九京都苑総監条・京都苑四面監条。
(71) 『三国史記』真興王十八年（五五七）条。
(72) 同、文武王十八年（六七八）正月条。
(73) 同、文武王二十年（六八〇）条。
(74) 同、神文王五年（六八五）三月条。
(75) 王京は、新羅の前身である斯盧国域そのものであり、斯盧国の有力な六つの村はやがて六部に転化し、行政区分となった。つまり、六部人は旧斯盧国の人であり、かつ王京人となった。そして、六世紀初めになると、京位・外位という二重の官位体系を持つようになるが、京位は王京人にしか与えられず、地方人は外位しか認められなかった。これにより、王京人が地方を支配するという体制となった（田中俊明「古代朝鮮における羅城の成立」（橋本義則編『東アジア都城の比較研究』京都大学学術出版会、二〇一一年、三六頁）。このように、王京は王権の中心地であると同時に支配者層である中央貴族の本拠地であった。そのため、神文王九年に、神文王が建句伐遷都を企図するものの、果たされることはなかった。
(76) 『三国史記』雑志地理には、以下のように記されている。
南原小京、本百済古龍郡。

金官小京、古金官国。

北原小京、本高句麗平原郡。

中原小京、本高句麗国原城。

また、西原小京も旧百済国に置かれていた（梁正錫「新羅五小京制と渤海五京制」『都城制研究』四、二〇一〇年、二二頁）。
(77) 黄仁鎬「新羅王京の都市構造と発掘過程」（奈良文化財研究所編『日中韓　古代都城文化の潮流―奈文研六〇年　都城の発掘と共同研究―』クバプロ、二〇一四年）一一四頁。

(78) 田中俊明「新羅都城制研究の到達点」(東亜比較都城史研究会「東アジア都城比較の試み」二〇一三年)五頁。

(79) 「新羅村落文書」の釈文は宋浣範氏のものに従った(宋浣範「正倉院所蔵「華厳経論帙内貼文書」(いわゆる新羅村落文書)について」『東京大学日本史研究室紀要』第七号、二〇〇三年、九〇―九一頁)。

(80) 前掲、宋浣範「正倉院所蔵「華厳経論帙内貼文書」(いわゆる新羅村落文書)について」、平川南「新羅村落文書」(『文字がつなぐ　古代の日本列島と朝鮮半島』国立歴史民俗博物館、二〇一四年)一六三頁。

(81) 藤田亮策「新羅九州五京攷」(『朝鮮学報』第五輯、一九五三年)一〇三頁。

(82) 前掲註(81)藤田亮策「新羅九州五京攷」一〇四頁。

(83) 同前。

(84) 『三国史記』善徳王八年(六三九)二月条。

(85) 同、太宗五年(六五八)三月条。

(86) 『三国史記』憲徳王十四年(八二二)三月条には「脅二武珍・完山・菁・沙伐四州都督、国原・西原・金官仕臣及諸郡県守令一、以為二己属一。菁州都督向栄脱レ身走二推火郡一、漢山・牛頭・歃良・浿江・北原等先知二憲昌逆謀一」と、熊州都督の憲昌が反乱を起こした際、四州の都督や国原・西原・金官小京の仕臣を脅したが、菁州都督が逃げたことで、国原小京がある漢山州が謀反のことを知ったとある。このことから、漢山州と国原小京は別の行政であったことがわかる。また、熊州都督憲昌が脅した四州都督・三小京仕臣の中には西原小京もある。西原小京が熊州の被官関係にあったなら、他の都督や仕臣たちのように脅す必要はない。このことからも州と小京は別の行政領域だったと考えられる。

(87) 養老官位令11従五位条。

(88) 養老官位令10正五位条。

(89) 前掲註(50)岸俊男「難波の都城・宮室」。

(90) 中尾芳治「前期難波宮をめぐる諸問題」(『難波宮の研究』吉川弘文館、一九九五年、初出一九七二年)二七頁。

(91) 仁藤敦史「外交拠点としての難波と筑紫」(『国立歴史民俗博物館研究報告』第二〇〇集、二〇一六年)五三頁。

(92)『続日本紀』延暦四年正月庚戌条。
(93)同、延暦八年十一月壬午条。
(94)『続日本紀』延暦三年五月癸未条は、難波京で約二万匹の蛙が行列したというもので、長岡京遷都の予兆記事とされる。
(95)養老職員令59衛門府条、同令61左衛士府条、同令62左兵衛府条、養老宮衛令24分街条、養老職員令58弾正台条、養老賦役令27営造条。

終章　都城の形態変化と支配構造

第一節　日本古代における都城の形態変化と支配構造

本書では、七世紀から八世紀後半に至るまでの、日本における都城空間の変化とその要因、そしてその背景について考察を行なった。その考察結果を踏まえて、日本古代の都城の行政運営をみていくことで、日本独自の都城の支配構造について論究を行なった。まず、これまでの考察結果を章ごとにまとめ、議論を総括することにしたい。

第Ⅰ部「都城の成立と展開」では、七世紀から八世紀後半の都城形態について編年的に論じ、その形態の変遷を検討した。そして、その変化が起きた政治的・社会的要因および背景を明らかにすることで、日本古代社会の実像に迫った。

第一章「七世紀における大王宮周辺空間の形成と評制」では、都が大王宮そのものから、周辺空間までをも含むものに転換した画期と要因について述べた。大化前代まで、王族の宮や豪族の宅・家が王権のさまざまな実務機能を分担していたため、大王宮への権力の集中度は弱く、多分に媒介的であった。さらに、大王宮は歴代遷宮が行われ、一カ所に固定されることがなかった。そのため、宮の周辺にその他の施設が営まれることはほとんどなく、大王宮そのものが都であった。しかし、大化改新後の都である孝徳朝難波では、大化前代の氏族制から脱却し、大王宮に置かれた外郭部分の官衙で実務を行う体制に変化した。政務の場所が大王宮に置かれた官衙に変わったことで、あらゆる人・組織が大王宮に一元化し、孝徳朝の大王宮である難波長柄豊碕宮周辺には、豪族・官人らが居住する必要が生じた。そして、地方支配体制の改革である評制の成立により、地方からの収奪・徴発体制が変化したことで、大王宮と周辺空間からなる都の造営が可能となった。つまり、孝徳朝における都の空間変化は、氏族制から脱却し、大王宮に置かれた外郭部分の官衙で実務を行う体制へ政治体制が変革したことと、評制の成立を背景としたものであった。七世紀半ばに形成された大王宮周辺空間は、まさに京域の出現であり、七世紀後半の都城制導入への大きな転換点となった。

第二章「儀礼空間としての都城の確立―藤原京から平城京へ―」では、都城制が導入された初期の都である藤原京と平城京の構造の差違とその構造変化の背景について言及した。都城の中心に宮城を置く周礼型の藤原京から都城の中央最北に宮城を置く隋唐長安城型の平城京に都城の構造が変化したことは、日本の都城史上類をみないものであった。とくに、構造の違いが最も大きい京南面の中軸線上の空間、すなわち宮城―朱雀門―朱雀大路―羅城門では、元日朝賀や外国使節に対しての儀礼が行われた。藤原京は、造営段階ではこの部分を儀礼空間として重要視していなかったためか、平城京以降の都城のごとく巨大な道幅をもたせるなどの整備は行われなかった。ところが、遣唐使の再開により唐礼がもたらされたことで、都城は儀礼空間としての役割が求められるようになり、藤原京の構造不備が浮かび上がるようになった。そこで、この問題を克服するために、隋唐長安城型の平城京が造られ、日本において儀礼空間としての都城が確立した。そして、平城京の都城構造は、以後の日本の都城の基本設計となり、平安京まで幾度の遷都を繰り返しながらも受け継がれていったのである。

第三章「保良京の史的意義」では、八世紀後半に造営された保良京の性格について再検討を行い、その検討結果を踏まえて、日本の都城史上における保良京の意義について述べた。平城京から保良京への貴族・官人層が移住していること、恒久的に保良京が所在する郡を「畿県」とし「京」に準じる税制へと改変したこと、かつ保良京に関する政策と藤原京から平安京までの遷都手続に多くの共通点が見出せることから、保良京は従来からいわれているような副都ではなく、新たな首都とするために造られた都であった。また、保良京では造宮使の設置、市司の分置、新京の邸宅造営料としての賜稲、諸国への新宮造営の負担、という新たな政策がとられていた。これにより、長岡京・平安京の造都に先駆けて、別々の官司が行なっていた宮・京の建設を臨時に設置した造宮使に担当させる宮京一体型の造営が行われるようになった。また、保良京の邸宅造営料に諸国の正税が用いられ、かつ新宮の造営を諸国に行わせているることから、これまで中央のみで推進されていた遷都政策の出費と負担を保良京の造営から諸国にも求めるようになったことが明らかとなった。したがって、淳仁朝の新たな首都として造営された保良京は、遷都政策に大きな転換をもたらし、長岡京や平安京における造営・遷都政策の先蹤となった都城であった。

以上、七世紀から八世紀後半に至るまでの都城の変化には、当時の政治・経済・社会の変化が密接に関係していた。このことから、都城はまさに古代日本社会の鏡鑑といえる。

第Ⅱ部「都城の支配構造と特質」では、日本の都城の行政と特質を解明するために、「京」制と複都制について論じた。

第四章「坊令の成立」では、奈良時代の坊令が、四坊（条）という領域の行政・治安などを管理・統括するだけでなく、京職の雑事も行う官人であったことを述べた。また、坊令という日本独自の都を管理する官人を創出したのは、「京」が在地首長層の郡司を行政に介入させず、坊を基本行政単位としていたため、坊を複数ごとにまとめ管理・統括する京職の官人が必要となったからであった。そこで、唐の坊正と里正の職掌を継受し、かつ四坊を管理するという日本独自の坊令という官人を生み出したのである。

第五章「日本古代における坊制の採用」では、「京」において里ではなく坊を行政の基本単位として採用した要因と背景について検討を行なった。

まず、日唐の坊の比較検討を行い、日本の坊は都だけにしか置かれず、そのうえ、坊にとって本来最も重要な住民を閉じ込めるという治安維持機能が排除されていたことを指摘した。このことから、日本では、宅地班給などの基準となる土地区画と首都における最小行政単位という二つの側面から坊が継受されたと考えられる。

さらに、里制との比較から、坊は里と異なり戸数と対応関係にないため、徴税量の予測・計算ができないこと、「京」だけ里を基本行政単位としなかったことで戸数の積み上げ方式の行政体系がとられなかったことから、里制、すなわち戸数にもとづく行政単位では、首都の行政運営を行ううえで差し障りがあったため、坊制をとったことを述べた。

そして、坊の貫附実態を検討し、宮城所在坊を含めた京内のすべての坊が貫附地であったこと、宮城所在坊と宮城周辺坊も下級官人や白丁の本貫であり、京内の邸宅配置とは合致していなかったことから、必ずしも本貫と居住地が一致しているとは限らなかったこと、遷都しても本貫の坊が変わらなかったという坊制の実態を明らかにした。

日本の都城において、このような独自の行政制度がとられたのは、歴代遷宮以来の〈都は遷るもの〉という概念が、都城制成立後も「国家の故実」「旧例」として生きていたためであった。つまり、〈都は遷るもの〉という固有観念がある日本では、遷都をしても都の政治・行政運営の連続性を維持する独自のシステムが必要不可欠であった。

そこで、土地区画である坊を「京」の基本行政単位とすることで、遷都しても、坊という行政ユニットをそのまま移すことが可能となった。これにより、空間相互の位置関係を維持しながら、「京」という独立した行政区画を移動することができ、戸籍や計帳、税の徴収などの行政管理の連続性を保つことを可能にした。つまり、首都の円滑な政治・経済運営の連続性の維持のために、坊を基本行政単位としたのである。日本固有の都のあり方により、京域自体を独立した行政空間とする「京」制が創出され、基本行政単位を坊とし、京―四坊―坊という日本独自の行政体系が生み出されたのである。

第六章「日本古代における複都制とその特質」では、七世紀後半から八世紀後半までの日本の複都制について包括的に述べた。まず、日本ではじめて複都制がとられたのは天武朝後半であり、藤原京の造営再開を契機に、複都制の詔を出して、新たな首都となる藤原京を補完する都を難波・信濃・畿内などに置いた。ところが、災害と天武の死により複都制政策はわずか数年で放棄された。それから四十年後の聖武朝に再び難波に副都が置かれた。この難波宮・京の造営は、平城京と山陽道の駅家の荘厳化事業とほぼ同時期に行われており、これらはすべて新羅使の入京経路上にあることから、外国使節に対して日本の国力を誇示するために行われた連動した大事業であった。したがって、聖武朝の複都制の再導入は、従来から言われているような天武朝の複都制政策を継承したものではなく、多分に海外情勢に対応するものであった。

ついで、八世紀の日本の複都制と東アジアの複都制との比較検討を行い、日本の複都制の特質を究明した。まず、唐では副都のある府（州）県の官人は、首都の長安城のある府（州）県と同じ待遇であり、両京の坊正も州県城の坊正と区別され、課役免除など特別な待遇をうけていた。さらに、洛陽城内の統治は府県だけでなく中央官司も関与しており、長安城に準じた都であった。そして、統一後の新羅では、首都の王京以外に小京という五つの副都が設置された。小京は京域自体が独立した行政領域であり、州と対応する存在であった。そして、六部の貴族が仕臣という小京の長官として派遣され、首都の王京を補完した。それに対して、難波京は京域自体が独立した行政領域にならず、副都設置以前の摂津職―郡―郷という行政体系のままであった。そのうえ、京が所在した西成・東成郡ですら、行政上何ら特別な待遇を受けることはなかった。つまり、行政上、難波京内・外の区別はなく、地方の行政体系に組み込まれていたのである。加えて、「京」のように京内の統治も在京諸司が関与することはなく、摂津職と在地豪族である郡司が行なっていた。したがって、八世紀の日本の副都は、都でありながら行政上・統治上でも都として扱われなかったという特殊性を持っていたのである。

第二節　都城の歴史的展開とその特質

日本の都は、大化前代まで大王宮そのものであった。しかし、孝徳朝の中央官制の整備と評制という新たな地方行政の施行により、大王宮と周辺空間からなる都へと変化した。そして、以後の斉明朝の倭京・天智朝の近江京(1)・天武朝の倭京においても、大王宮と周辺空間からなる都の形態が継承されていった。この前段階を経て、日本は七世紀後半に都城制を受容したのである。

ところが、日本の都城はすべてを唐の都城に倣ったわけではなかった。日本の都城は羅城に囲まれず、天壇・地壇・明堂などの儀礼施設が存在しなかった。そのため、日本の都城は唐ものと比べ、視覚的には京内外の区別は明確ではなかった。

しかし、唐では都城、すなわち京域を独立した行政領域にはせず、城内外に関係なく州―県―郷―里という行政体系がしかれていたのに対し、日本では、京域を「国」と対応する独立した行政区域「京」とし、京―四坊―坊という国とは異なる独自の行政体系がしかれていた。そして、「国」は外官の国司が管轄したのに対し、「京」は京官の京職が管轄していた。したがって、行政上においては、日本の方が、京内外の区別は明確だったのである。

また、八世紀以降の日本の副都は、京・国という二本立て行政のうち、国の行政の中に組み込まれ、行政上、都としての扱いをうけることがなかった。かつ、「京」と異なり、難波宮を含めた京内の統治に在京諸司が関わることはなく、摂津職・郡司が行なっていた。したがって、八世紀の日本の副都は他の東アジアの副都とは異なり、行政・京内統治などあらゆる面で都として扱われていなかったのである。

換言すれば、地方の行政体系と同化し、都でありながら、都として扱われなかったという日本の副都の特殊性により、唯一「京」制がしかれた日本の首都は、東アジアの首都と比較して、首都としての絶対性を持っていたといえる。

また、日本では都城制が成立した後も都が転々としている。ところが、同時代の唐や新羅の都にはこの動きはみえない。この違いは、日本固有の都のあり方に起因するものと考えられる。

元来、日本では一代ごと、あるいは同じ大王の代に複数回の遷宮を行なっていたが、七世紀後半に都城制を導入し藤原京が成立したことにより、都が固定化されたと考えられてきた。そして、都城制が成立した後は、歴代遷宮から宮内遷宮に変化したと捉えられてきた(2)。

たしかに、都城制成立後、複数代にわたる都が出現し、一代ごとの遷都は行われなくなった。これは、藤原京においてはじめて貴族・官人が集住する京域が形成されたためと捉えられてきた。しかし、第Ⅰ部第一章で解明したように、孝徳朝難波において、すでに豪族・官人が集住する大王宮周辺空間、すなわち京域の前身となる空間が形成されていた。そして、京域の前身空間成立以降の都である孝徳朝難波、斉明朝倭京、天智朝近江京の変遷をみていくと、大王宮が遷れば、周辺空間に居住していた豪族・官人等も新宮の周辺に移住していた。さらに、藤原京が成立した後も、平城京、難波京、恭仁京、保良京、西京、長岡京、平安京と、約十五年から二十年という間隔で新たな都城が造られている。これら都城は、副都である難波京を除いて、同時期に併存することはなかった。このことから、新たな首都とするために、頻繁に都城が造られていた可能性が推察される。

そこで、都城制が成立した後の日本の遷都状況をみていく。

『続日本紀』慶雲四年（七〇七）二月戊子（十九日）条には「詔二諸王臣五位已上一、議二遷都事一也」とあり、早くも文武朝において遷都のことを議している。鎌田元一氏は、慶雲三年二月に行われた庸の半減と連動した百姓身役制の制定を、平城京造営を想定した労働力確保の措置と捉え、この時から平城遷都が予定されていたと推測する。(3) また、湊哲夫氏は、鎌田氏の見解を全面的に支持し、『続日本紀』慶雲元年十一月壬寅（二十日）条を、藤原宮造営工事を打ち切り平城京造営計画の起点となったと解する。(4) このように、大宝律令施行後間もない慶雲年間の早い段階から遷都が企図されていた。

この遷都計画は、同年六月の文武崩御により一時中断するが、半年後の和銅元年（七〇八）二月には跡を継いだ元明が平城遷都の詔を出し、三月には造宮卿を任じて平城京の造営を進め、翌和銅三年に遷都した。つづく元正・聖武朝においても、平城京が首都であった。

天平十二年（七四〇）十月に関東行幸を行なった聖武は、十二月六日に山背国の恭仁へ遷都するため、橘諸兄に整備させ、十五日には恭仁宮に遷った。さらに、天平十六年二月には難波京を首都とし、翌十七年五月には平城京に戻り再び首都とする。その後は、孝謙・淳仁・称徳・光仁・桓武と六代にわたり平城京は都であった。したがって、奈良時代後半になると、都が固定化したようにみえる。

淳仁朝では保良京が、称徳朝では西京が造営されたが、この二京は、先行研究では副都と捉えられてきた。(5)

保良京は、淳仁が即位した翌年の天平宝字三年（七五九）に保良宮の造営が開始され、同五年には宅地班給が行われていることから、条坊制を有した都であったことがわかる。[6] かつ、『続日本紀』の天平宝字四年条には、一度「新京」という語がみえる。この「新京」は、その前後の記事にみえる行幸先の小墾田宮を指すという見解があるが、この二例以外で『続日本紀』にみえる「新京」は遷都前後の新都を指しており、宮および副都に対しては使われていない。また、保良京では、藤原京・恭仁京・長岡京・平安京の遷都手続と共通した政策も行われている。このことから、天平宝字四年の「新京」とは造営中の保良京を指すものと解される。

また、『続日本紀』天平宝字五年十月壬戌（十一日）条には「以レ遷二都保良一也」とあり、この記事以外で『続日本紀』にみえる「遷都」はすべて首都となる都の移動を指している。同月己卯（二十八日）条の詔で「為レ改二作平城宮一、暫移而御二近江国保良宮一」と保良宮に移った理由を述べているが、同日条の勅では、保良京が置かれた滋賀・栗太両郡を、恒久的に「畿県」としたうえ、「京」に準じた税制にしている。これは紫香楽宮のある甲賀郡を畿内に準じた税制としたことに比べ、破格の扱いである。したがって、保良京は、淳仁朝に遷都を想定して造営された都と考えられる。[7]

西京は、『続日本紀』神護景雲三年（七六九）十月甲子（三十日）条に「詔以二由義宮一為二西京一。河内国為二河内職一」とあり、西京設置と同時に河内職が置かれている。そして、宝亀元年（七七〇）正月乙亥（十二日）条では「大県・若江・高安等郡百姓之宅入二由義宮一者、酬二給其価一」と、大県・若江・高安郡で由義宮域に家が入った百姓に、その価を支払っている。由義宮の宮域が三郡をまたいだとは考えがたく、ここでの「由義宮」とは西京を指すと解され、西京が京域を持っていた可能性が想定される。また、新宮・京域に居住する百姓を移転させることは、藤原京・平城京・長岡京・平安京の遷都政策に共通するものである。さらに、三月には西市司から会賀市司を分置している。市司は「京」のみに設置され、副都には置かれた形跡はない。このことから、西京も称徳朝に遷都を想定して造営された

可能性も否定できない。(8)

桓武朝になると、平城京から長岡京に、ついで平安京に遷る。平安京は平城・嵯峨朝においても首都であった。ところが、大同四年（八〇九）に譲位した平城上皇は、同年十一月から平城宮を造営させている。(9)この造営のために畿内諸国の工と夫二千五百人が雇われており、かなり大規模な造宮であったことがうかがえる。(10)さらに、『日本後紀』弘仁元年（八一〇）九月癸卯（六日）条には「依二太上天皇命一、擬レ遷二都於平城一。正三位坂上大宿禰田村麻呂・従四位下藤原朝臣冬嗣・従四位下紀朝臣田上等、為二造宮使一」とあり、平城上皇が平城京遷都の意志を明確にし、造宮使の任命を行なっている。造宮使は、保良京・長岡京・平安京の造営の際にも設置されており、宮城だけでなく、京域の造営も担当する官司であることから、平城上皇は新京として平城京の造営を進めていた。

この平城の動きに対し、嵯峨天皇は、平安京こそが「万代宮」であるという詔を出している。結局、平城の政変は成功せず、平城京遷都も実現することはなかったが、造宮使の任命記事から具体的な遷都準備が行われていた。この弘仁年間を画期に遷都は行われなくなり、ようやく都の移動が行われなくなる。(11)

このように、都城制が成立した後も約百年間にわたり六度の遷都が行われ、八世紀後半においても首都にしようと保良京・西京の造営が行われていた。また九世紀になっても、平城上皇が平城京への遷都を敢行するため、造宮使の設置という具体的な行動を起こしている。八世紀から九世紀前半にかけての頻繁な都城造営と遷都（および計画）は、同時代の東アジアではみえず、日本の都は、他の東アジアの都と比較してもきわめて頻繁に都が移動していた。このように、八・九世紀においても都が点々と移動していたのは、「都は遷るもの」という観念が、都城成立後も生きていたからだと考えられる。和銅元年の平城遷都の詔、(12)大同元年の平城天皇が新宮の造営を行わない旨を述べた詔では、(13)諸王諸臣間に「国家の故実」「旧例」として遷都という観念が存在していたことが確認できる。また、弘仁元年に平城上皇が平城京に遷都しようとしたことで、人心が騒乱したため、嵯峨天皇が、人民に対して平安京こそが万代宮であると詔を出している。[14] このことを換言すれば、当時、都が移動することは、人々の間で自明視されていたと断ぜられ、九世紀初頭まで遷都という観念が存在していたことが認められる。したがって、歴代遷宮がなくなった八世紀から九世紀初頭まで遷都という観念は残っていた。

以上、日本の都が唐・新羅に比べ都城成立後もきわめて頻繁に移動していること、さらに八・九世紀においても天皇から公民にいたるまで遷都という観念を持っており、しかも「国家の故実」「旧例」とされていたことが明らかとなった。この観念の存在により、藤原京成立以後も、新たな首都となるべく平城京、恭仁京、保良京、長岡京、平安京が造られたのではないか。また、遷都をしても首都の政治・行政運営の円滑な維持を可能とする「京」制が創出された。その一方で、唐や新羅のような固定化した首都を支える複都制は日本では定着することはなかった。つまり、他の東アジアの都城にはない遷都という日本古代の都の固有性が、日本の都城の形態変化とその独自の支配構造を生み出したのである。そして、中国の都の形態と日本固有の都の性質を融合した日本の都城は、九世紀前半以降、固定化され、その都市形態は、大宰府や平泉、そして鎌倉などへと伝播し、中世都市へと展開していくのである。

註

（1）史料をみると、大友王子宮、藤原鎌足宅（『藤氏家伝』の「淡海之第」、『日本書紀』の「藤原内大臣家」）、大海人王子宮も『日本書紀』天武即位前紀天智十年（六七一）十月庚辰条に「天皇臥病、以痛之甚矣。於是、遣㆓蘇賀臣安麻侶㆒、召㆓東宮㆒、引㆓入大殿㆒。（中略）天皇勅㆓東宮㆒授㆓鴻業㆒。乃辞譲之曰、臣之不幸、元有㆓多病㆒。何能保㆓社稷㆒。願陛下挙㆓天下㆒附㆓皇后㆒、仍立㆓大友皇子㆒、宜為㆓儲君㆒。臣今日出家、為㆓陛下㆒欲㆑修㆓功徳㆒。天皇聴之。即日、出家法服。因以、収㆓私兵器㆒、悉納㆓於司㆒」とあり、さらに同月壬午条に「入㆓吉野宮㆒。時左大臣蘇賀赤兄臣・右大臣中臣金連、及大納言蘇賀果安臣等送之。自㆓菟道㆒返焉」

とあることから、吉野宮に移る前は近江京にあったと考えられる。加えて、『日本書紀』天武元年（六七二）六月丙戌条に「是時、近江朝聞二大皇弟入一レ東国一、其群臣悉愕、京内震動」とあり、豪族・官人らは大津宮周辺に住んでいたと解される。また、近江京の近くには、製鉄・須恵器・土師器・その他陶製品を製造する瀬田丘陵生産遺跡群があり、近江京に住んでいた豪族・官人等の生活を支えていたと考えられる。

（2）瀧浪貞子「歴代遷宮論―藤原京以降における―」（『日本古代宮廷社会の研究』思文閣出版、一九九九年、初出一九七九年）。

（3）鎌田元一「平城遷都と慶雲三年格」（『律令公民制の研究』塙書房、二〇〇一年、初出一九八九年）四三七―四三八頁。

（4）湊哲夫「平城遷都の史的意義」（門脇禎二編『日本古代国家の展開』思文閣出版、一九九五年）二七二―二七五頁。

（5）滝川政次郎「保良京考」（『京制並に都城制の研究』角川書店、一九六七年、初出一九五五年）、滝川政次郎「複都制と太子監国の制」（上掲『京制並に都城制の研究』）。

（6）『続日本紀』天平宝字五年（七六一）正月丁未条。

（7）第Ⅰ部第三章。

（8）中村修也「奈良時代の市司就任氏族」（『日本古代商業史の研究』思文閣出版、二〇〇五年、初出一九八七年）一三三頁。

（9）『類聚国史』巻二五、大同四年（八〇九）十一月甲寅条。

（10）『日本紀略』大同四年十二月戊戌条。

（11）弘仁六年（八一五）の近江行幸以降、天皇の畿内行幸も行われなくなることから、仁藤敦史氏は嵯峨朝を画期に天皇は「動く王」から「動かない王」へと変質したと論じる（仁藤敦史「古代国家における都城と行幸」『古代王権と都城』吉川弘文館、一九九八年、初一九九〇年、二三九頁）。

（12）『続日本紀』和銅元年（七〇八）二月戊寅条。

（13）『日本後紀』大同元年七月甲辰条。

（14）同、弘仁元年九月丁未条。

初出一覧

序章　都城研究の現状と課題（新稿）

第Ⅰ部　都城の成立と展開

第一章　七世紀における大王宮周辺空間の形成と評制（『日本歴史』七七〇号、二〇一二年）を一部改訂

第二章　儀礼空間としての都城の確立（古瀬奈津子編『東アジアの礼・儀式と支配構造』吉川弘文館、二〇一六年）を一部改訂

第三章　保良京の史的意義（『ヒストリア』二四九号、二〇一五年）を一部改訂

第Ⅱ部　都城の構造と特質

第四章　坊令の成立（『人間文化論叢』一四巻、二〇一二年）を一部改訂

第五章　日本古代における坊制の採用（新稿）

第六章　日本古代における複都制とその特質（「日本古代の複都制の機能と特質に関する研究」『公益財団法人髙梨学術奨励基金年報』平成二十七年度、二〇一六年）をもとに加筆

終章　都城の形態変化と支配構造（新稿）

あとがき

本書は、二〇一六年にお茶の水女子大学へ提出した博士学位請求論文「日本古代における都城の形成と特質」をもとに再構成し、加筆ならびに補筆修正を施したものである。

子供の頃から、歴史に興味・関心があり、親に頼んで、よく博物館や遺跡に連れて行ってもらった。そして、大学では歴史学を学ぼうと思い、二〇〇四年に東北学院大学文学部史学科に進学した。東北学院大学史学科には、日本史は古代史・中世史・近世史・近代史のほか北方史の先生がおり、東洋史は三人、西洋史は四人、考古学は二人、民俗学、地理学は三人の先生がおり、歴史学だけでなく、考古学・民俗学・地理学など幅広い分野から歴史を学ぶことができた。様々な授業を受けるなか、日本古代史に魅力を感じて熊谷公男先生のゼミに入り、筆者は、文献と現地調査により、古代のあらゆる階層の人々が生きた空間を見出すことができる日本古代の都市に深い問題関心を抱き、卒業論文では、近江京の遷都とその史的位置づけをテーマとした。

大学院は、お茶の水女子大学大学院に進学し、古瀬奈津子先生のご指導を仰いだ。古瀬ゼミでは、『令集解』『小右記』を読み、優秀な先輩方から多くのことを学んだ。東京大学の佐藤信先生のゼミ、律令研究会にも参加させていただき、知見を広げることができた。また、修士一年時の夏休みには、奈良文化財研究所で木簡の水替えと水洗いのアルバイトをさせていただいた。実際に木簡に触れることができる得難い体験であった。その際九州や関西などの様々な大学院生と知り合うことができ、知的関心を大いに高めることができた。

古瀬先生のおかげで、南カリフォルニア大学や台湾大学との共同ゼミに報告・参加させていただき、海外の研究者との交流から多くの刺激を受けた。また、中国や台湾などの海外調査にも同行させていただき、中国社会科学院・国家図書館、台湾の故宮博物院図書館・中央研究院・国家図書館において、敦煌文書・唐律疏議・宋刑統をはじめとする第一級の史料を実見する機会をいただいた。古瀬先生の日本史にとどまることなく、広く東アジア世界を視野に入れた研究は、筆者の研究にこのうえなく深い影響を与え、日本の都城だけでなく、東アジアの都城との比較の必要性を教えてくださった。本書の刊行にあたっても、懇切丁寧なご指導を頂戴した。心よりお礼申し上げたい。

末筆となったが、本書の出版を薦めてくださった佐藤信先生、古代史選書として刊行していただいた同成社と編集委員の先生方に感謝申し上げる。また担当していただいた三浦彩子氏に多大なご苦労をおかけした。本書が一書としての体裁をなしているとしたら、それは三浦氏の懇篤で貴重な助言があったからである。深くお礼を申し上げたい。

二〇一七年五月

古内絵里子

古代都城《こだいとじょう》の形態《けいたい》と支配構造《しはいこうぞう》

■著者略歴■

古内絵里子（ふるうち　えりこ）

1984年　宮城県に生まれる
2008年　東北学院大学文学部史学科卒業
2010年　お茶の水女子大学大学院人間文化創成科学研究科博士前期課程修了
2016年　お茶の水女子大学大学院人間文化創成科学研究科博士後期課程修了。博士（人文科学）
現　在　お茶の水女子大学基幹研究院リサーチフェロー
主要論文
「日本における古代山城の変遷―とくに鞠智城を中心として―」（『平成25年度鞠智城跡「特別研究」論文集　鞠智城と古代社会』第2号、2014年）、「保良京の史的意義」（『ヒストリア』249号、2015年）、「儀礼空間としての都城の確立―藤原京から平城京へ―」（古瀬奈津子編『東アジアの礼・儀式と支配構造』吉川弘文館、2016年）など。

2017年7月25日発行

著　者　古 内 絵 里 子
発行者　山 脇 由 紀 子
印　刷　三報社印刷㈱
製　本　協 栄 製 本 ㈱

発行所　東京都千代田区飯田橋4-4-8
（〒102-0072）東京中央ビル　㈱ 同 成 社
TEL 03-3239-1467　振替 00140-0-20618

ISBN978-4-88621-767-7 C3321

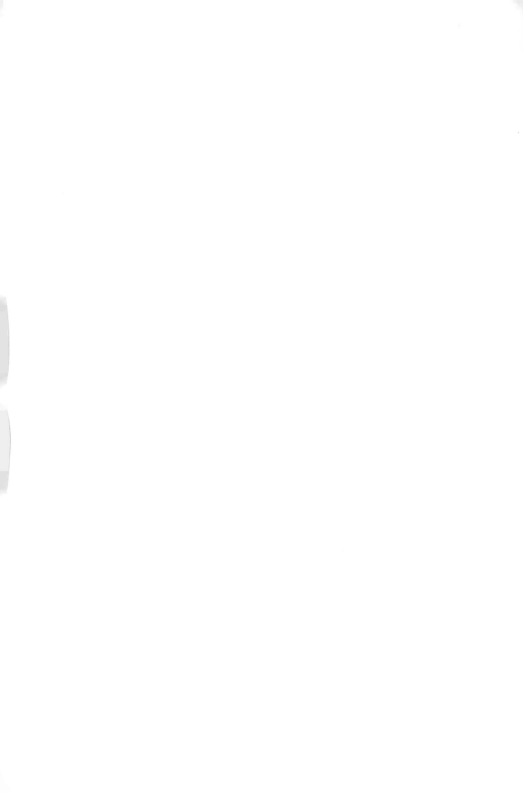